GH00937856

Traversée du Haut-Languedoc
Parc naturel régional du Haut-Languedoc

GR 7 : l'Espérou - Canal du Midi (307 km)
GR 71 : l'Espérou - Mazamet (250 km)
GR 74 : St-Maurice-de-Navacelles - Plateau de Courcols (47 km)
Boucle Pierre-Paul Riquet : au départ des Cammazes (83 km)

FÉDÉRATION FRANÇAISE DE LA RANDONNÉE PÉDESTRE
association reconnue d'utilité publique

14, rue Riquet
75019 PARIS

Navacelles. Photo Dominique Gengembre.

Sommaire

Les Itinéraires

La randonnée :
une passion FFRP !

Des sorties-randos accompagnées, pour tous les niveaux, sur une journée ou un week-end : plus de 2600 associations sont ouvertes à tous, dans toute la France.

Un grand mouvement pour promouvoir et entretenir les 180 000 km de sentiers balisés. Vous pouvez vous aussi vous impliquer dans votre département.

FFRP

Des stages de formations d'animateurs de randonnées, de responsables d'association ou encore de baliseurs, organisés toute l'année.

Une garantie de sécurité pour randonner bien assuré, en toute sérénité, individuellement ou en groupe, grâce à la licence FFRP ou à la RandoCarte.

Pour connaître l'adresse du Comité de votre département,
pour tout savoir sur l'actualité
de la randonnée et découvrir la collection des topo-guides :

www.ffrp.asso.fr

Centre d'Information de la FFRP
14, rue Riquet 75019 Paris - Tél : 01 44 89 93 93
Ouvert du lundi au samedi de 10h à 18h.

La FFRP

Depuis 1947, le Comité national des sentiers de Grande Randonnée, devenu 30 ans plus tard la Fédération Française de la Randonnée Pédestre, s'est donné pour tâche d'équiper la France d'un réseau d'itinéraires de randonnée pédestre, balisés, entretenus, décrits dans des topo-guides comme celui-ci et ouverts à tous. Ce sont des bénévoles, au nombre de 6 000 en permanence, qui tout au long de ces nombreuses années d'existence ont créé les 65 000 km de sentiers de grande randonnée, les GR maintenant bien connus.

Si la randonnée pédestre a pris en France le développement qu'on lui connaît à l'heure actuelle, si les GR ont acquis la renommée qui leur est reconnue, c'est à eux et à la Fédération qu'on le doit. Depuis quelques années, leur action s'est étendue à des itinéraires de petite ou de moyenne randonnée destinés aux randonneurs de week-end et de proximité. La Fédération, seule ou parfois avec le concours de collectivités locales, édite les topo-guides qui décrivent les itinéraires et mettent en valeur leur attrait sportif ou culturel.

Mais son action désintéressée ne se borne pas là. Elle intervient sans cesse auprès des pouvoirs publics pour la protection et le maintien des chemins et sentiers nécessaires à la randonnée, pour la sauvegarde de l'environnement naturel, pour la promotion de la randonnée, pour la défense des intérêts des randonneurs.

Elle regroupe plus de 2 500 associations de randonneurs sur l'ensemble du territoire. Celles-ci font sa force. Randonneurs qui utilisez ce topo-guide, rejoignez-les. Plus vous serez nombreux, plus la Fédération sera forte, plus son audience sera grande et plus elle disposera de moyens pour répondre à votre attente.

Réalisation. Le GR 7 a été créé par le Docteur Paul Cabouat (†), président d'honneur de la FFRP et par M. Philippe Lamour (†), administrateur honoraire de la FFRP et Président du Conseil Économique et Social du Languedoc-Roussillon, par M. Gilbert Massol, M. Philippe Lajoinie et par un groupe de Castres du Camping Club de France, sous la direction de M. André Denis. Les groupes de randonneurs du Camping Club de France d'Aiguefonde, Castres et Mazamet et l'Office de Tourisme de Labastide-Rouairoux participent à son entretien, avec l'appui financier et technique du Conseil général du Tarn. Des Cammazes au Canal du Midi, le GR a été réalisé par M. Pastre, ancien délégué FFRP de la Haute-Garonne et par M. Lestel, délégué de l'Aude.
Le GR 71 a été créé par le Docteur Paul Cabouat. Il est entretenu par des collaborateurs bénévoles des Commissions Sentiers FFRP du Gard de l'Hérault et du Tarn.
Le GR 74 a été réalisé par la Section héraultaise du Club Cévenol, sous la direction de M. Robert Vacquier.
La Boucle Pierre-Paul-Riquet a été créée par M. Brunel et le Syndicat d'initiative de Revel-Saint-Ferréol.
Les informations pour la mise à jour de ce topo-guide ont été fournies par les responsables des Commissions Sentiers départementales de la FFRP du Gard, de l'Aveyron, de l'Hérault, du Tarn, de la Haute-Garonne et de l'Aude.

Direction des collections et des éditions : Dominique Gengembre. **Secrétariat d'édition :** Philippe Lambert, Janine Massard et Nicolas Vincent. **Cartographie :** Olivier Cariot et Frédéric Luc. **Suivi de Fabrication :** Jérôme Bazin et Delphine Sauvanet.

Temps	RESSOURCES / LOCALITÉS	Pages	🏠	🏢	🏨	⛺	🛒	🍴	🚌	🚆
	GR 7 L'ESPÉROU	25		•	•	•	•	•	•	
2,50	PUECHAGUT (hors GR)	25	•					•		
2,25	LE VIGAN	29		•	•	•	•	•	•	
2,45	MONTDARDIER	29		•		•		•		
3,15	NAVACELLES	31		•				•		
2,30	ST-MAURICE-DE-NAVACELLES	31		•				•	•	
2,30	LA VACQUERIE-ET-SAINT-MARTIN	33	•		•			•		
5,15	LODÈVE	37		•	•	•	•	•	•	
4,45	DIO	39		•		•				
6,15	LAMALOU-LES-BAINS	41			•	•	•	•	•	
1,30	COMBES	43		•						
2	LA FAGE	43	•							
2	DOUCH	43		•				•		
4,50	LES BOURDILS	45	•							
3,15	CAMBON (hors GR)	45		•						
4,55	LE CABARÉTOU (hors GR)	47			•					
4,25	LABASTIDE-ROUAIROUX	51		•	•	•	•	•	•	
2,20	LE FOURNAS (hors GR)	51	•							
7	LAVIALE (hors GR)	53		•						
6,10	MAZAMET	55		•	•	•	•	•	•	•
1,25	LES LOMBARDS	57		•						
2,15	MÉTAIRIE NEUVE (hors GR)	57							•	
6,30	ARFONS	59					•	•		
4,10	LES CAMMAZES	61	•					•	•	
2,35	FERME DE RODES	63	•	•			•			
3,05	SAINT-MARTIN-LALANDE	63					•	•		•
	GR 71 L'ESPÉROU	65		•	•	•	•	•	•	
7	ALZON	69		•	•		•	•		
1	CAMPESTRE-ET-LUC	69		•						
3,45	LA COUVERTOIRADE	71		•		•		•		
1,30	LE CAYLAR	71			•	•	•	•	•	
5	SOUBES	73		•		•	•	•	•	
2,15	LODÈVE	75		•	•	•	•	•	•	
6,30	LE MAS NEUF	77								•
1,30	CEILHES-ET-ROCOZELS	77				•	•	•		
4,45	MÉLAGUES (LA BONNELLERIE)	81		•						
4,15	LE FAU	81		•						
3,15	MURAT-SUR-VÈBRE	83			•		•			
2,20	LES CLÈDES	83		•						
3,25	LES BOURDILS	85	•							
3,30	FRAISSE-SUR-AGOUT	85		•	•		•	•		
3	LA SALVETAT-SUR-AGOUT	87		•	•	•	•	•	•	
4,15	ANGLES	89		•	•	•	•	•	•	
7,15	MAZAMET	93		•	•	•	•	•	•	•
	GR 74 ST-MAURICE-DE-NAVACELLES	95		•				•	•	
2,30	MAS D'AUBERT	95		•						
2,30	SAINT-GUILHEM-LE-DÉSERT	95	•		•		•	•		
6,45	SAINT-PRIVAT	99	•							
	VAR LES CAMMAZES	101					•	•		
2,40	REVEL	105			•	•	•	•	•	
4	SAINT-FÉLIX-LAURAGAIS	105			•	•	•	•	•	
5,45	SEUIL DE NAUROUZE	107		•						
0,10	MONTFERRAND	107			•	•	•	•	•	
2,55	CASTELNAUDARY	109			•	•	•	•	•	•

Idées rando

Trois jours

GR 74 et GR 7
1. St-Maurice-de-Navacelles — Saint-Guilhem-le-Désert, 5 h.
2. St-Guilhem — St-Privat, 6 h 45.
3. St-Privat — St-Maurice, 5 h.
Voir pp. 95-99 et 33.

Quatre jours

GR 7
1. L'Espérou — Le Vigan, 5 h 15.
2. Le Vigan — Navacelles, 6 h.
3. Navacelles — La Vacquerie, 5 h.
4. La Vacquerie — Lodève, 5 h 30.
Voir pp. 25-37.

Cinq jours

GR 7, PR et GR 71

1. Lodève — La Vacquerie, 5 h 30.
2. La Vacquerie — Navacelles, 4 h 45.
3. Navacelles — Le Caylar, 7 h.
4. Le Caylar — Soubès, 5 h.
5. Soubès — Lodève, 3 h.
Voir pp. 37-31 et 71-75.

Sept jours

GR 7, GR 36 et GR 71
1. Labastide-Rouairoux — Laviale, 7 h.
2. Laviale — Mazamet, 6 h 10.
3. Mazamet — Anglès, 7 h 05.
4. Anglès — La Salvetat-sur-Agoût, 4 h 15.
5. La Salvetat-sur-Agoût — Fraisse-sur-Agout, 3 h 30.
6. Fraisse-sur-Agoût — Le Cabarétou, 5 h 20.
7. Le Cabarétou — Labastide-Rouairoux, 4 h 25.
Voir pp. 51-55, 85-93 et 45-51.

Infos pratiques

Le guide et son utilisation

La description des itinéraires est présentée en regard de la reproduction de la carte IGN au 1 : 50 000 correspondante où le tracé du sentier est porté en bleu.

En règle générale, les cartes sont orientées Nord-Sud (le Nord étant donc en haut de la carte). Dans le cas contraire, la direction du Nord est indiquée par une flèche en bleu.

Sur les cartes et dans la description des itinéraires, à côté de certains points de passage, sont mentionnés des repères ; ils permettent de situer ces lieux avec plus de précision.

Un plan de situation (dans le rabat de couverture) permet de localiser les itinéraires. Un tableau des ressources (p. 6) recense une grande partie des ressources (ravitaillement, restaurant, transports, etc.) utiles aux randonneurs.

Des suggestions, à la rubrique Idées rando (p. 7) sont proposées à titre indicatif.

🏠	Hôtel	✗	Restaurant
⌂	Refuge, relais	☕	Café
🏠	Chambre d'hôtes	🛒	Ravitaillement
	Gîte d'étape		
ℹ	O.T.	🚆	Gare SNCF
🏕	Camping	🚌	Car

Les temps de marche indiqués dans ce guide correspondent à une marche effective, sans pause ni arrêt, accomplie à la vitesse de 4 km / h.

Sur un parcours comportant un dénivelé important, le calcul est différent : il faut considérer qu'un randonneur moyen effectue 300 m de montée et 400 à 500 m de descente à l'heure.

Balisage et itinéraire

Le parcours correspond à la description qui est faite dans le topo-guide. Toutefois, dans le cas de modifications d'itinéraire (rendues nécessaires par l'exploitation agricole ou forestière, le remembrement, les travaux routiers), il faut suivre le nouveau balisage qui ne correspond plus alors à la description. Ces modifications, quand elles ont une certaine importance, sont disponibles sur simple demande, au Centre d'In-formation Sentiers et randonnée (voir « Adresses utiles ») et sur le site internet www.ffrp.asso.fr

Les randonneurs utilisent balisages et topo-guides sous leur propre responsabilité. Les balisages effectués par les bénévoles de la Fédération n'ont pour objet que de faciliter aux utilisateurs la lecture du terrain qu'ils parcourent, en suggérant un itinéraire intéressant au point de vue sportif, culturel, esthétique,... suivant les cas.

C'est au randonneur d'apprécier si ses capacités physiques et les conditions du moment (intempéries, circulation, état du sol, etc.) lui permettent d'entreprendre la randonnée, comme il le ferait sur n'importe quel itinéraire ni décrit, ni balisé, et de prendre les précautions correspondant aux circonstances.

Cartographie

Cartes IGN au 1 : 25 000 n° 2641 O, 2641 ET, 2642 O, 2642 ET, 2643 E et O, 2543 E et O, 2443 E, 2444 E et O, 2344 E et O, 2244 E et O, 2245 E et O.

• Cartes IGN au 1 : 100 000 n° 58, 64 et 65.

• Carte Michelin au 1 : 200 000 n° 80 et 83.

La FFRP ne vend pas de cartes. On se procurera les cartes Michelin auprès des librairies et papeteries. Pour les cartes IGN, on s'adressera à l'Institut Géographique National, Service de vente des Cartes, 107, rue La Boétie, 75008 Paris, tél. 01 43 98 85 00 ou aux agents de vente régionaux de l'IGN, les librairies et les papeteries figurant sur la liste dressée par l'IGN.

Équipement, période conseillée, difficultés

Les randonneurs peuvent obtenir tous conseils au Centre d'information de la FFRP.

Se munir d'une trousse de pharmacie, contenant, entre autres, les médicaments pour lutter contre les piqûres d'insectes (abeilles, guêpes, frelons).

Le GR 7 et ses variantes ne présentent aucune difficulté, l'itinéraire est praticable toute l'année, mais les meilleures périodes sont le printemps et l'automne. Le tronçon cévenol situé en altitude (massif de l'Aigoual) peut recevoir des précipitations neigeuses abondantes, mais très rares avant Noël.

Toutefois, il faudra se méfier de la violence du climat méditerranéen. En période orageuse, rester prudent lors de la traversée des fonds de vallée, en raison des crues subites. En été, se protéger du soleil pour éviter toute déshydratation et insolation dans les régions où *l'eau est rare*. A cette saison, il est préférable de ne pas marcher aux premières heures de l'après-midi.

Recommandations

Le randonneur reste seul responsable non seulement des accidents dont il pourrait être victime, mais des torts qu'il pourrait causer à autrui, tels que pollution, feux de forêt, dégradations, etc. D'où l'intérêt pour lui d'être bien assuré.

10

Accès aux itinéraires

◼ SNCF

Les seules gares situées sur les itinéraires ou à proximité immédiate sont : Le Bousquet d'Orb, Bédarieux et Ceilhes-Roqueredonde (ligne Paris- Béziers) ; Castelnaudary et Le Ségala (ligne Paris-Narbonne) ; Mazamet (ligne Toulouse-Mazamet).
Labastide-Rouairoux et Saint-Pons sont desservis par les cars SNCF de la ligne Mazamet - Saint-Pons.

◼ Autocars

• Gare routière de Nîmes, rue Sainte-Félicité, tél. 04 66 29 52 00.
• CARIANE (Nîmes - Le Vigan), tél. 04 66 38 13 98.
• Gare routière de Montpellier, tél. 04 67 92 01 43.
• Courriers du Midi, 9, rue de l'Abrivado, 34000 Montpellier, tél. 04 67 06 03 67.
• Autocars du Languedoc, 22, rue Ernest-Michel, 34000 Montpellier, tél. 04 67 92 60 35.
• Autocars Balent, 42, place Soult, 81100 Castres, tél. 05 63 35 38 10.

• Autocars Culière, 2, rue Lavoisier, 81100 Castres, tél. 05 63 59 21 03.
• Autocars Restouble, 8, rue Charles-Barthès, 34220 Saint-Pons, tél. 04 67 97 29 65.
• Autocars Thorel, 17, place Soult, 81100 Castres, tél. 05 63 35 37 57, ligne Béziers-Castres par Labastide-Rouairoux.
• SEMVAT, 9, rue Michel-Labrousse, 31081 Toulouse Cedex 1, tél. 05 61 41 11 41.
• Cars Jean-Louis Alabert, rue du Moulin-de-la-Seigne, 11000 Carcassonne, tél. 04 68 25 53 92.

Hébergements

◼ Sur le GR 7

• L'Espérou (30570)
Gîte d'étape, 18 places, table d'hôtes sur réservation, M. Rémond, chalet Chantemerle, route de Valleraugue, tél. 04 67 82 60 14.
Gîte d'étape, 16 places, table d'hôtes sur réservation, M. et Mme Monzo, tél. 04 67 82 64 69.
Gîte d'étape, 14 places, M. Pialot, tél. 04 67 82 61 25.
• Puechagut (30120 Arphy)
Refuge, 8 places, hors vacances scolaires : gîtes ruraux, 13 places, Maison des Cévennes, tél. 04 67 81 70 96.
• Bréau (30120)
Gîte d'étape, 10 places, Mme F. Durand, quartier de Laroque, tél. 04 67 81 02 16.
• Le Vigan (30120)
Gîte d'étape communal, 15 places, rue de la Carrierrasse, tél. 04 67 81 01 71.
• Montdardier (30120)
Gîte d'étape, Mme Virely, tél. 04 67 81 52 16.

Chambres et table d'hôtes, tél. 04 67 81 52 77.
• Navacelles (34250 Saint-Maurice-de-Navacelles)
Gîte d'étape le Mas Guilhou, 19 places, ouvert toute l'année, restauration sur réservation, tél. 04 67 81 50 69.
• Saint-Maurice-de-Navacelles (34250)
Gîte d'étape Les Asphodèles, 16 places, ouvert toute l'année, restauration sur réservation, tél. 04 67 44 62 55.
• La Vacquerie et Saint-Martin-de-Castries (34250)
Refuge CAF, 19, places, ouvert toute l'année, tél. 04 67 44 60 50.
Chambres d'hôtes le Relais des Faïsses, 10 places, ouvert toute l'année, tél. 04 67 44 64 06.
Hôtel-restaurant le Zibardie, 20 places, fermé du 13/01 au 13/02, tél. 04 67 44 60 98.
• Lodève (34700)
Se renseigner à l'Office de Tourisme.

- Dio et Valquières (34093)
Gîte communal, 20 places, ouvert toute l'année, cuisine équipée, tél. 04 67 95 66 65.
- La Tour-sur-Orb (34260)
Chambres d'hôtes, 14 places, ouvert toute l'année, restauration sur réservation, tél. 04 67 95 02 99.
- Lamalou-les-Bains (34240)
Se renseigner à l'Office de Tourisme.
- Combes (34240)
Gîte communal, 18 places, fermé en janvier, restauration sur réservation, tél. 04 67 95 66 55.
- Domaine de la Fage (34610 Rosis)
Centre départemental APPN (UFO-LEP), 35 places, ouvert toute l'année, restauration sur réservation, tél. 04 67 95 10 14.
- Douch (34610 Rosis)
Gîte d'étape, 16 places, ouvert toute l'année, cuisine équipée, tél. 04 67 95 65 76, restauration sur réservation à la ferme-auberge de la Jasse, tél. 04 67 95 21 41.
- Héric (34610 Rosis)
Gîte d'étape, 8 places, ouvert toute l'année, cuisine équipée, tél. 04 67 97 80 43.
- Mons-la-Trivalle (34390) (hors GR)
Gîte d'étape le Presbytère, 22 places, ouvert toute l'année, restauration sur réservation, tél. 04 67 97 77 06.
- Cambon-et-Salvergues (34330) (hors GR)
Gîte d'étape communal, 48 places, ouvert toute l'année, restauration sur réservation, tél. 04 67 97 61 00.
- Les Bourdils (34390 Mons)
Refuge, 25 places, ouvert toute l'année, restauration sur réservation, tél. 04 67 97 77 06.
- Campblanc (34330 Fraisse-sur-Agoût) (hors GR)
Chalet-refuge, 16 personnes, ouvert en juillet-août, cuisine équipée, tél. 04 67 97 02 34.
- Auberge le Cabarétou (34220 Riols) (hors GR)

Hôtel-restaurant, 23 places, ouvert toute l'année, restauration sur réservation, tél. 04 67 97 02 31.
- Labastide-Rovairoux (81270)
Gîte d'étape communal au camping de Cabanés, 9 places, ouvert du 15/06 au 15/09, réservation Office de Tourisme, tél. 05 63 98 07 58.
Gîte d'étape, chambres d'hôtes de Montplaisir, 8 places, restauration sur réservation, tél. 05 63 98 05 76.
Chambres d'hôtes Les Tisserands, restauration sur réservation, tél. 05 63 97 02 94.
Hébergement de groupe Domaine du Thoré, route des Verreries de Moussans, tél. 05 63 98 00 52.
- Le Fournas (34210 Ferrals-les-Montagnes)
Refuge, 6 places, coin cuisine, M. Hennequin, tél. 04 67 97 14 03.
- Laviale (11160 Castans) (hors GR)
Gîte d'étape municipal, 10 places, mairie, tél. 04 68 26 15 97.
- Col del Tap (81200 Mazamet)
Abri.
- Le Triby (81200 Mazamet)
Abri.
- Les Lombards (81200 Mazamet)
Gîte de groupe, 18 places, tél. 05 63 61 27 07.
- Castaunouze (81200 Mazamet)
Gîte de groupe, 30 places, tél. 05 63 61 27 07.
- La Métairie Neuve (81200 Aiguefonde)
Chambres d'hôtes, possibilité de repas, tél. 05 63 98 67 97.
- Les Cammazes (81540)
Chambres et tables d'hôtes, M. Allirol, tél. 05 63 74 16 71 ou 06 12 61 17 36.
Camping Hôtel de plein air de la Rigole, tél. 05 63 73 28 99.
Chambres et table d'hôtes, M. Larcher, Bel-Air Bas, tél. 05 63 74 16 61.
- Ferme de Rodes (11400 Verdun-en-Lauragais)
Gîte d'étape/ferme-auberge Le Bout du Monde, 13 places, M. Trinquelle, repas, tél. 04 68 94 20 92.

- Refuge de La Jasse (11400 Verdun-en-Lauragais), 40 places, tél. 04 68 94 33 78
- La Capelle (11400 Saint-Martin-Lalande) (hors GR)

■ Sur le GR 71

- Alzon (30770)
Gîte communal, 19 places, 2, place de la Mairie, tél. 04 67 82 05 55 ou 04 67 82 01 63.
- Campestre-et-Luc (30770)
Gîte d'étape, Les Magettes, tél. 04 67 82 02 31.
- La Couvertoirade (12230)
Gîte d'étape, 17 places, cuisine équipée, ouvert toute l'année, Mlle Prucel, tél. 05 65 62 22 73.
Ferme accueil de la Salvetat, 30 places, camping, repas, ouvert toute l'année, M. Danet, tél. 05 65 62 22 65.
- Le Caylar (34520)
Auberge Roc Castel, 21 places, ouvert de mai à octobre, restauration sur réservation, tél. 04 67 44 50 92.
- Soubès (34700)
Gîte communal, 19 places, ouvert toute l'année, cuisine équipée, tél. 04 67 44 05 79.
- Domaine de Campeyroux (34700 Lodève)
Relais, 13 places, ouvert toute l'année, cuisine équipée, tél. 04 67 44 15 90.
- La Bonnellerie, Mélagues (12360 Camarès)
Gîte d'étape, 16 à 18 places, camping, restauration, ouvert toute l'année,

■ Sur le GR 74

- Mas Aubert (34150 Saint-Guilhem-le-Désert)
Gîte d'étape, 20 places, ouvert toute l'année, restauration sur réservation, tél. 04 67 73 10 25.
- Mas Moulis (34150 Saint-Guilhem-le-Désert)
Gîte d'étape, 23 places, ouvert toute l'année, restauration sur réservation, tél. 04 67 57 72 11.
- Saint-Guilhem-le-Désert (34150)
Gîte de la Tour, 17 places, ouvert toute

Chambres et table d'hôtes, réservation, 9 places, camping à la ferme, M. Sabatte, tél. 04 68 94 91 90.

Mme Ponçon-Maguelone, tél. 05 65 49 57 61.
- Le Fau (34610 Castanet-le-Haut) (hors GR)
Gîte d'étape, 14 places, ouvert toute l'année, restauration sur réservation, tél. 04 67 23 60 93.
- Les Clèdes (34610 Saint-Gervais-sur-Mare)
Gîte d'étape, ouvert toute l'année, restauration sur réservation, tél. 04 67 23 65 16.
- Fraisse-sur-Agoût (34330)
Gîte communal, 10 places, ouvert toute l'année, cuisine équipée, tél. 04 67 97 61 14.
Domaine du Pioch, gîte d'étape, accueil paysan, 17 places, ouvert toute l'année, restauration sur réservation, tél. 04 67 97 61 72.
- La Salvetat-sur-Agoût (34330)
Gîte communal, 6 places, ouvert toute l'année, cuisine équipée, tél. 04 67 97 64 44.
- Lasfaillades (81260)
Gîte du Gau, M. Bayourte, tél. 05 63 70 90 16.
- Anglès (81260)
Gîte, chambres d'hôtes, Office de Tourisme, tél. 05 63 74 59 13.

l'année, restauration sur réservation, tél. 04 67 57 34 00.
Refuge CAF, 19 places, ouvert toute l'année, cuisine équipée, tél. 04 67 44 60 50.
- La Rouquette (34700 Saint-Privat) (hors GR)
Gîte d'étape Las Rengadas, 12 places, ouvert toute l'année, restauration sur réservation, tél. 04 67 44 72 36.
- Les Salces (34700 Saint-Privat)
Gîte d'étape, 6 places, ouvert toute l'année, restauration sur réservation, tél. 04 67 44 70 80.

■ Sur la boucle Pierre-Paul-Riquet

- Saint-Ferréol (31350)
  Gîte d'étape, Le Bivouac, 20 places, repas, tél. 05 34 66 00 99.
- Saint-Félix-Lauragais (31540)

Gîte d'étape, Mme Angelini, faubourg du Midi, tél. 05 61 83 02 47.
- Minoterie de Naurouze
  (11320 Montferrand)
  Gîte d'étape, 14 places, tél. 04 68 60 19 14.

Adresses utiles

- Centre d'information Sentiers et Randonnée, 14, rue Riquet, 75019 Paris, tél. 01 44 89 93 93.
- Comité régional FFRP Languedoc-Roussillon-Cévennes, M. Brunet, Résidence le Belvédère, chemin des Tilleuls, 48000 Mende, tél. 04 66 65 36 97.
- Comité départemental de la randonnée pédestre de l'Aveyron, Maison du Tourisme, 17, rue Aristide-Briand, BP 831, 12008 Rodez cedex, tél. 05 65 75 54 71.
- Comité départemental de la randonnée pédestre du Gard, La Vigneronne, 114 bis, route de Montpellier, 30540 Milhaud, tél. 04 66 74 08 15.
- Comité départemental de la randonnée pédestre de l'Hérault, Maison départementale des Sports, 200, avenue du Père-Soulas, 34094 Montpellier cedex 5, tél. 04 67 41 78 58.
- Comité départemental de la randonnée pédestre du Tarn, 17, rue Gabriel-Compayre, 81000 Albi, tél. 05 63 38 88 04.
- Comité départemental de la randonnée pédestre de la Haute-Garonne, 5, Port Saint-Sauveur, 31000 Toulouse, tél. 05 34 31 58 31.
- Comité régional du tourisme Languedoc-Roussillon, 20, rue de la République, 34000 Montpellier, tél. 04 67 22 81 00.
- Comité départemental du tourisme de l'Aveyron, tél. 05 65 75 55 75.
- Comité départemental du tourisme du Gard, 3, place des Arènes, BP 122, 30010 Nîmes cedex 4, tél. 04 66 36 96 30.
- Comité départemental du tourisme de l'Hérault, place Godechot, 34000 Montpellier, tél. 04 67 54 20 66.
- Comité départemental du tourisme du Tarn, BP 225, 81006 Albi cedex, tél. 05 63 77 32 10.
- Comité départemental du tourisme de la Haute-Garonne, 14, rue Bayard, 31000 Toulouse, tél. 05 61 99 44 00.
- Comité départemental de la randonnée pédestre de l'Aude, 2, rue Louis-de-Martin, 11100 Narbonne, tél. 04 68 47 69 26.
- Parc national des Cévennes, BP 15, 48400 Florac, tél. 04 66 49 53 00.
- Parc naturel régional des Grands Causses, 21, bd de l'Ayrolles, 12101 Millau cedex, tél. 05 65 61 35 50.
- Parc naturel régional du Haut-Languedoc, 13, rue du Cloître, BP 9, 34220 Saint-Pons-de-Thomières, tél. 04 67 97 38 22. Minitel 3615 code PARCHL.
- Syndicat d'initiative, 30120 Le Vigan, tél. 04 67 81 01 72.
- Syndicat d'initiative intercommunal Gorges-Vallée de l'Hérault, place Général-Claparède, 34150 Gignac, tél. 04 67 57 58 83.
- Bureau municipal de tourisme, 7, place de la République, 34700 Lodève, tél. 04 67 88 86 44.
- Office municipal de tourisme, 2, avenue Ménard, 34240 Lamalou-les-Bains, tél. 04 67 95 70 91.
- Centre d'animation rurale des Hauts-Cantons, 34390 Mons-la-Trivalle, tél. 04 67 97 71 27.
- Syndicat d'initiative, place du Foirail, 34220 Saint-Pons, tél. 04 67 97 06 65.
- Office de Tourisme, boulevard Carnot, 81270 Labastide-Rouairoux, tél. 05 63 98 07 58.
- Office de Tourisme, rue des Casernes, 81200 Mazamet, tél. 05 63 61 27 07.
- Office de Tourisme, 25, rue de la Fontaine, 81540 Les Cammazes, tél. 05 63 74 17 17.
- Syndicat d'initiative, mairie, 34330 Fraisse-sur-Agoût, tél. 04 67 97 61 14.
- Syndicat d'initiative, 34330 La Salvetat-sur-Agoût, tél. 04 67 97 64 44.

- Office de Tourisme, route de Saint-Pons, 81260 Anglès, tél. 05 63 74 59 13.
- Office de Tourisme de Revel Saint-Ferréol-Montagne Noire, place Philippe VI-de-Valois, BP 48, 31250 Revel, tél. 05 34 66 67 68.
- Office de tourisme, 11400 Castelnaudary, tél. 04 68 23 05 73.
- Point Accueil, 12230 La Couvertoirade, tél. 05 65 58 55 59.
- Météorologie : 3250.

Retrouvez la FFRP sur internet

www.ffrp.asso.fr

- Pour connaître toute l'actualité de la randonnée.
- Pour découvrir les derniers topo-guides parus.
- Pour trouver une formation à la randonnée ou une association de randonneurs avec qui partir sur les sentiers.

Bibliographie

- Guide Bleu, *Languedoc-Roussillon*, éd. Hachette.
- Guide Vert, *Languedoc-Roussillon*, éd. Michelin.
- *Gîtes et refuges*, A. et S. Mouraret, Rando Éditions.
- *Randonnée pédestre*, A.M. Minvielle, éd. R. Laffont-FFRP.
- *Histoire du Languedoc*, sous la direction de Ph. Wolf, éd. Privat.
- *Languedoc Méditerranéen*, collectif, éd. C. Bonneton.
- *A la découverte de la flore du Haut-Languedoc montagnard*, éd. Parc naturel régional du Haut-Languedoc.
- Ayechet Angely Dauzats, *Histoire de Labastide*, éd. Maraval à Saint-Pons.
- Blancotte (B.), *Montagne Noire en Languedoc*, éd. Sarlat.
- Bourguignon (M.), *Mazamet et son histoire*, éd. M. Bourguignon, 42, rue E.-Barbey, Mazamet.
- Cazals (R.), *Autour de la Montagne Noire au temps de la Révolution*, éd. Clef 89.
- Clément (P.-A.), *Les Chemins à travers les âges en Cévennes et Bas-Languedoc* et *Églises romanes oubliées du Bas-Languedoc*, éd. Presses du Languedoc.
- Curvalle (J.), *La Forêt de Montaut*, éd. M.J.C. Labruguière.
- *Les oiseaux du Parc naturel régional du Haut-Languedoc* (2001), éd. Éditions du Rouergue.
- Eydoux (H.-P.), *Monuments méconnus Languedoc-Roussillon*, éd. librairie académique Perrin.
- Grèze (B.), *Languedoc méditerranéen – Montagne Noire*, guides géologiques régionaux, éd. Masson.
- Harant (H.), Jarry (O.), *Guide du naturaliste dans le Midi de la France*, tome 2 : *La garrigue, le maquis et les cultures*, éd. Delachaux et Niestlé.
- Joutard (Ph.), *Les Cévennes, de la Montagne à l'Homme*, éd. Privat.
- Martin (C.), *Garrigues en pays languedocien*, éd. Lacour, Nîmes.
- Martin (Ph.), *A la découverte de la faune, la flore et la végétation méditerranéenne*, éd. Ouest-France.
- Pevel (H.), *A la découverte de la Montagne Noire*, éd. Privat.
- Vaissièra (C.), *Botanica Occitana*, tome 1 : *La Garriga*, éd. IEO, coll. Descorbertas.

Le Saint-Guiral : quelques cévenols continuent
à s'y rendre en pèlerinage les lundis de Pentecôte.
Ph. P. Garivier.

16

Le Parc national
des Cévennes

Les Cévennes... Terre de contraste, de luttes, de confrontations entre les vents, les versants, les espèces, les croyances... Terre riche de ces affrontements si facile à connaître ou à aimer, mais si subtile à découvrir ou à comprendre. Nous vous convions aujourd'hui à pénétrer dans ce creuset mystérieux où se forge chaque jour le savant amalgame de la nature sauvage, de l'homme quelque part au cœur du Parc national des Cévennes.

Établissement public à caractère administratif, le Parc des Cévennes (un des sept parcs nationaux français) a été créé en 1970. Il offre la particularité d'être l'un des rares parcs nationaux au monde à avoir une population permanente (600 habitants), principalement agricole, vivant dans sa zone centrale (88 400 hectares). Comment peut-on alors dans de telles conditions assurer la mission de conservation qui est la raison d'être de tout parc et les nécessités de la vie des hommes qui, obligatoirement, ont une répercussion sur le milieu ? La réponse n'est pas simple, mais elle constitue le pari quotidien de la soixantaine d'agents qui composent l'équipe du Parc. A vrai dire, il n'existe pas de réponse unique à cette gageure, mais plusieurs, complexes, interdépendantes, reposant toutes sur un axiome fondamental : il n'existe pas par essence d'opposition entre l'homme et la nature.

La création du Parc n'a pas pour objectif de modifier ces pratiques mais au contraire de les conserver, d'en assurer la pérennité, car elles sont le fruit d'un long apprentissage entre l'homme et la nature.

Au Nord, le mont Lozère culmine avec ses 1 700 m d'altitude. Immense échine, couverte de pelouses et de landes où émergent les chaos de boules de granit. Balayée en hiver par la tourmente et la neige, la végétation, rare, est celle que l'on trouve dans les grandes étendues boréales. A chaque instant, la lumière glisse sur la courbure des crêtes, l'arrondi des combes, pour souligner les ondulations de ces terres altières.
Au Sud, le mont Aigoual (1 585 m) dresse sa proue hardie face aux orages violents venus de la Méditerranée. Le vent souffle parfois à plus de 200 km/h. Aussi, afin de diminuer l'érosion des sols, l'administration de l'Office national des forêts a-t-elle

Le décor d'un séjour
dans les Cévennes

reboisé, au début du siècle, les pentes de ce sommet. Contraste entre le pied et le sommet de la montagne, contraste entre l'hiver et l'été. Ainsi, au fur et à mesure qu'il gravit cette montagne, le promeneur passe de la chaude garrigue méditerranéenne de chêne vert à la fraîcheur reposante de la hêtraie sommitale. Pour le randonneur parti dès les premières promesses de l'aube, la vue de la terrasse de l'observatoire météorologique s'étend par temps clair du mont Blanc au pic du Midi de Bigorre.

17

Au milieu, entre ces deux bastions, la Cévenne, cœur des Cévennes. Les vagues de rochers déferlent, se brisent entre les versants méditerranéens et atlantiques. Bousculés, dressés, les *serres*, dentelles de soleil, surgissent des profonds *valats* où coulent les eaux de la Mimente, du Tarn et des Gardons. Chaque méandre, chaque cascade est un site paradisiaque pour une baignade revigorante. Sur ces sols siliceux, le châtaignier est l'arbre roi. Le paysage est rude, austère, sauvage. S'il inquiète, par les sombres journées d'hiver, le promeneur égaré, il est un refuge pour celui qui en est devenu le complice.

A l'Ouest, le causse Méjean, haut plateau désertique (1 000 m d'altitude moyenne), brûlant sous le soleil d'été, parsemé de quelques dépressions où des colmatages argileux retiennent un peu d'humidité. C'est le domaine des espaces infinis, où il faut écouter le silence, vivre sa solitude. Rien n'arrête le regard, si ce n'est la mer de nuages qui dort au pied du plateau, au fond des gorges embrumées. L'hiver, la neige gomme les dernières aspérités et renforce l'immensité de cette terre. Pour vivre dans cet univers minéral, l'homme doit savoir exploiter rationnellement cette ressource. Les maisons sont construites à partir de la roche locale : le granit sur le mont Lozère, le schiste en Cévenne, le calcaire sur le Causse. L'architecture tient compte des contraintes naturelles : aux bâtiments lourds et ramassés du mont Lozère, qui protègent de la tourmente, s'opposent les maisons blanches du Causse, qui s'étalent pour mieux récupérer l'eau de pluie tombant sur les toitures. Partout, la roche fonde la maison, l'élève, la recouvre. Le bâti ne s'oppose pas au terrain, il se confond avec lui et en est le fruit.

Sur les grands espaces ouverts, l'homme s'est fait éleveur. Par contre, dès que la pente s'accentue, dès que le terrain devient accidenté, la forêt occupe le sol et constitue la principale

Depuis les temps immémoriaux, la châtaigne nourrit l'homme et les animaux.
Ph. G. Bonhomme.

ressource économique : exploitation pour le bois, mais aussi pour le fruit. Arbre à pain depuis les temps immémoriaux, le châtaignier nourrit l'homme et les animaux. A chaque exposition, à chaque utilisation correspond une variété bien particulière.

Ces modes de valorisation des rares ressources locales témoignent d'un savoir-faire ancestral, acquis par l'observation quotidienne de la nature et du respect de ses règles. L'organisation des parcelles, la circulation de l'eau, la construction des bâtiments, les modes culturaux sont le résultat d'une osmose permanente avec le milieu. Le cévenol sait déjà que la nature, dans toutes ses composantes, doit être préservée et que la richesse de ce pays provient de la très grande diversité de son patrimoine écologique. Il faut donc, pour vivre ici, savoir jouer de toute cette gamme, en évitant la discordance qui viendrait rompre cet équilibre précaire.

Ami visiteur, prends le temps d'observer, de sentir, d'écouter la vibration de ces hautes terres. Ce pays en vaut la peine.

J.-J. Ducros
Directeur du Parc

Le Parc naturel régional du Haut-Languedoc

A seulement une heure de route du littoral et des deux grandes capitales régionales que sont Toulouse et Montpellier, le Parc naturel régional du Haut-Languedoc étend son territoire sur un ensemble paysager très diversifié qui lui confère une grande valeur.

Cette attachante région de moyenne montagne entrecoupée de vallées doit sa particularité aux influences climatiques méditerranéennes et atlantiques qui s'y affrontent. Peu à peu, que ce soit sous le vent d'Autan ou sous la Tramontane, chacun des petits pays s'est forgé son propre caractère, sa propre identité.

Sur cette terre de contraste, les formes légendaires du mystérieux Sidobre rivalisent d'audace avec l'élégance des aiguilles du Caroux. Les lacs miroitent à travers les épaisses forêts de la Montagne Noire et sur les plateaux verdoyants des Monts de Lacaune. Dans les profondes vallées, l'homme a depuis longtemps laissé son empreinte. Du néolithique à l'époque des bâtisseurs de cathédrales, de l'épopée Cathare aux pèlerins en route pour Compostelle, nombreux sont les vestiges qui témoignent de ce riche passé historique.

Dans ce patchwork de verdure la pratique d'activités de pleine nature est bien sûr possible. Elle est même vivement recommandée pour apprécier les richesses d'une faune et d'une flore exceptionnelle. A pied, à cheval ou en vélo tout terrain, la randonnée reste un grand classique aux côtés des sensations fortes propres à la spéléologie ou à l'escalade. La voile ou le canoë-kayak sont également au programme. Et quand l'hiver est là et que les plateaux se parent du blanc manteau neigeux, le ski de fond offre un excellent moyen de découverte.

En venant de Béziers, de Carcassonne, de Castres ou de Toulouse, la randonnée sur le GR 7 à travers le Parc naturel régional du Haut-Languedoc sera pour le promeneur habitué au paysage des plaines languedociennes une surprise : suprise de trouver si près de la mer des paysages presque nordiques. On croirait avoir chaussé des bottes de sept lieues, si, au détour du sentier, un belvédère ne faisait redécouvrir la plaine toute proche, les vignes, les chênes verts. Le relief, ici, exacerbe le jeu du soleil, de la pluie et du vent. La ligne de partage des eaux entre l'Atlantique et la Méditerranée marque la rencontre de deux climats, le combat souvent victorieux du soleil méditerranéen contre les brumes que le vent souffle depuis l'Océan.

C'est qu'en effet, depuis des centaines de milliers d'années, s'élève ici une montagne dont les restes usés, brisés et enfin relevés, forment une série d'échines contre lesquelles viennent se heurter les tempéraments de deux ciels. De cette longue histoire géologique, les roches gardent un souvenir qu'elles ne se content pas facilement : tout a été transformé par la chaleur des grands soulèvements et il est difficile de croire qu'il y eut là d'orgueilleuses montagnes, des pics, des neiges et des torrents.

Aujourd'hui, tout est douceur et seul l'hiver, furieux de s'être laissé déposséder, s'en vient encore glacer les sommets de ses courtes colères.

Ainsi du Sud vers le Nord, le Parc naturel régional du Haut-Languedoc rassemble trois petites chaînes de montagnes séparées par deux vallées :
— la Montagne Noire dont le GR 7 parcourt la crête entre Arfons et Labastide-Rouairoux ;
— les monts de l'Espinouse et du Somail qui le prolonge, que le GR 7 parcourt entre Labastide Rouairoux et Lamalou ;
— le Caroux, montagne de lumière, devenu pour les amis de la nature et des grands espaces, le symbole de la montagne du Languedoc. Culminant à 1 090 m, le Caroux apparaît au randonneur qui l'aborde par paliers, comme une montagne à peine un peu rude. Son plateau cependant, table de gneiss, isolé de l'Espinouse par le ruisseau d'Héric, tombe en versant abrupt de 800 m sur la vallée de l'Orb. Il est bordé par la réserve de chasse de l'Espinouse, refuge du sanglier et du mouflon.

Les monts de Lacaune, où s'aventure le GR 71, se prolongent au-delà de l'Agoût et jusqu'aux portes de Castres par le Sidobre, parcourus d'étonnantes rivières de rochers.

La première vallée est un profond sillon qui sépare la Montagne Noire de l'Espinouse et du Somail ; l'Orb et son affluent, le Jaur, coulent vers la Méditerranée, pendant que le Thoré coule vers l'Atlantique.

La seconde vallée est celle de l'Agoût. D'abord simple creux entre l'Espinouse et les monts de Lacaune, elle s'engorge profondément aux approches de la plaine.

D ivers équipements permettent une approche harmonieuse de ce patrimoine naturel et humain.

C'est le cas du sentier de découverte de la châtaigneraie à Coustorgues, à mi-pente du col de Fontfroide. Au hasard des diverses stations consacrées aux divers aspects de la châtaigneraie et des bâtis qui s'y rapporte, le visiteur, en parcourant les 2,5 km de sentier balisés, abordera ce milieu, à la fois complexe et vivant profondément transformé par l'homme, et si changeant au fil des saisons.

Un parcours similaire sera prochainement mis en place à Fraisse-sur-Agoût, depuis la ferme traditionnelle de Prat d'Alaric, il permettra la découverte d'un milieu agricole par le plateau de l'Espinouse. Il en sera de même pour

Activités de découverte

un autre circuit réservé aux VTT et aux randonneurs dans le secteur de Dourgne cette fois.

Autre innovation, neuf « Espaces Rando » vont être progressivement mis en place sur l'ensemble du territoire du Parc suivant un programme quinquennal en commençant par celui du Somail prévu pour la fin du mois de juin 1995.

Articulées autour d'une zone d'accueil et de parking, plusieurs boucles tracées en forme de « pâquerette », offrent la possibilité d'une simple balade familiale de quelques heures à la randonnée plus sportive de plusieurs jours avant de regagner le point de départ.

Les régions traversées

L'Aigoual, « Mont des Eaux », est le point culminant (plateau plutôt que montagne) d'un massif granitique, môle Sud-oriental du Massif Central, dominant vers le Nord les Cévennes schisteuses, vers le Sud et l'Ouest la région des Causses.

Il mérite bien son nom, c'est un des points les plus arrosés de France (plus de 2 m de pluie par an, surtout automnale) ; en fait, un château d'eau alimentant un éventail de rivières : Gardons, Hérault rejoignent le Rhône et la Méditerranée ; Dourbie, Jonte, Tarnon sont des affluents du Tarn.

La transhumance et la pâture millénaires avaient fait de l'Aigoual une triste région de landes et de maigres pelouses, cernées des bouquets de hêtres, témoins de l'exploitation abusive au profit des verreries. Des forestiers, Georges Fabre en tête, par un labeur obstiné, ont recouvert l'Aigoual d'un manteau forestier ; cette réussite est maintenant célèbre dans le monde entier. L'extension de la forêt a suivi la retraite de l'homme et du troupeau, mais avec la forêt renaît une certaine prospérité dont le tourisme est un élément important. L'Espérou voit se multiplier villas et chalets, et chaque été les campeurs reviennent par centaines dans les hêtraies.

L'Aigoual est aujourd'hui le paradis du touriste : un incomparable réseau de chemins permet de parcourir en tous sens le massif. Drailles de transhumance et nouveaux chemins ouverts au bulldozer rivalisent de pittoresque, passant de l'ombre des hêtres à l'intense lumière méridionale. Les hauts sommets battus par le vent, abu-

De l'Aigoual au cirque de Navacelles

sivement pâturés, gardent leur maigre flore ; mais là où le mouton ne passe plus, c'est un tapis de fleurs. L'Aigoual est aujourd'hui un immense parc, une fontaine de joie et de santé. Dévalant les pentes méridionales du massif de l'Aigoual, à travers les hêtraies, puis les châtaigneraies, le GR 7 atteint Le Vigan.

La vallée de l'Arre est ici la limite du massif ancien et des Causses. Au départ d'Avèze, c'est le petit causse de Blandas que le GR 7 escalade, prenant pied sur l'éperon d'Aire-Ventouse.

Presque rectangulaire, cerné par les vallées de l'Arre, de la Glèpe et de la Vis, le causse de Blandas-Montdardier annonce le Larzac. Pour qui vient de parcourir les châtaigneraies de l'Aigoual, le dépaysement est complet ; dès Aire-Ventouse, de maigres chênes blancs remplacent les châtaigniers.

Actuellement pauvre et dépeuplé, vivant surtout de l'élevage ovin, le causse de Blandas a pourtant été habité et cultivé, les vestiges d'habitations abondent autour des Campels où l'on peut voir le mur d'enceinte de l'ancien oppidum.

Après avoir franchi la corniche du causse, le GR atteint Montdardier, puis surplombe la Vis au cirque de Navacelles et dévale dans le fond du cirque.

De Navacelles
à Lamalou-les-Bains

De Navacelles, le GR 7 suit un chemin à mi-pente des gorges de la Vis longeant le tunnel-canal qui alimente la centrale de Madière. Peu après le mas du Pont, il se met à gravir la pente, atteint le plateau et Saint-Maurice. De là jusqu'à La Vacquerie, il suit le rebord d'une large dépression. Il chemine ensuite sur un promontoire du Larzac puis en franchit la crête avant de dévaler sur Lodève.

De Lodève, au pied du Larzac, à Lamalou, au pied du Caroux, le GR 7 parcourt les hautes garrigues du Lodé-vois coupées par des dépressions creusées par la Lergue, l'Orb, la Mare, dans des marnes rutilantes : les « ruffes ».

Après la chapelle Saint-Amans, juchée sur le plateau de l'Escandorgue, le GR traverse des villages pittoresques : Dio, Boussagues.

De Lamalou-les-Bains
à Labastide-Rouairoux

De Lamalou, dans la vallée de l'Orb, le GR commence la longue montée au Caroux par Combes et Madale. Après le refuge de la Fage, c'est la traversée proprement dite du plateau du Caroux.

Le Caroux est un plateau de gneiss séparé du massif de l'Espinouse par des gorges profondes. Ancien terrain de pacage, le plateau est maintenant une lande cernée de bouquets de hêtres, alors que par les gorges s'insinue la végétation méditerranéenne (telle la « futaie-relique » de chênes verts des gorges d'Héric). Au pied de la grande faille de l'Orb, s'alignent des stations thermales.

Ensuite le GR descend par les hameaux de Douch et d'Héric au col de Bardou, puis c'est la rude montée à la montagne de l'Espinouse.

L'Espinouse, massif granitique entre les vallées de l'Agout au Nord et de l'Orb au Sud. Ses deux versants océanique et méditerranéen offrent des contrastes saisissants. Par la forêt du Crouzet et une longue crête dominant l'Agout, l'itinéraire atteint le col de Font-Froide, puis il côtoie le lac-barrage du Saut de Vézole et aborde les monts du Somail. Durant ce parcours sur des crêtes boisées, on ne rencontre que deux lieux habités : les anciennes auberges de rouliers du Cabaretou et de la Jante.

Le GR descend dans la vallée du Thoré, à Labastide-Rouairoux.

De Labastide-Rouairoux
au canal du Midi

De Labastide, le GR monte doucement en suivant le ruisseau de Beson sur la crête de la Montagne Noire.

Cette montagne, dernier chaînon méridional des Cévennes, est la ligne de partage des bassins atlantique et méditerranéen. Elle est recouverte d'un massif forestier de 18 000 ha et son nom lui vient de la teinte sombre que lui donnent ces forêts.

Tout au long de ce chemin de crête, le GR 7 découvre de vastes horizons jusqu'aux Pyrénées ; il frôle le pic de

La montagne Noire, château d'eau de Carcasonne et de sa région.
Ph. D. Rousseau.
Conseil Général du Tarn.

Nore (1 210 m), point culminant de la Montagne Noire et dévale dans la vallée de l'Arnette (affluent du Thoré), à proximité de Mazamet et grimpe ensuite au lac-barrage des Montagnès. Par les forêts de Montaud et du Cayroulet, l'itinéraire atteint Arfons, puis longe la rigole de la Montagne jusqu'aux Cammazes.

Après Les Cammazes, le GR 7 prend la direction du Sud pour descendre dans la plaine de l'Aude. Dans cette descente, on bénéficie, par temps clair, de vues sur toute la chaîne des Pyrénées. Près de Saint-Martin-Lalande, le GR rejoint le canal du Midi, à quelques kilomètres à l'Est de Castelnaudary.

Le parcours de cette variante du GR 7 commence par la traversée du massif granitique du Lengas où des tronçons en forêt alternent avec des chemins de crête aux larges horizons.
Le col de la Barrière sur la D 999 marque le passage du massif ancien aux Causses. Les crêtes schisteuses dentelées font place aux molles ondulations, le hêtre remplace le chêne.
Après la traversée du petit causse de Campestre, le GR 71 franchit le canyon de la Virenque pour monter sur le causse du Larzac et atteindre La Couvertoirade, ancienne commanderie des Templiers.
L'itinéraire s'oriente au Sud, passe au Caylar puis à Soubès et, de là, gagne Lodève. Il remonte ensuite au col de Saint-Pierre. Quittant les Causses, il aborde une région pauvre et dépeuplée où le village de Mélagues fait figure

De L'Espérou à Mazamet par le GR 71

de capitale. Il parcourt une longue crête, extrémité orientale des monts de Lacaune, séparant la haute vallée de l'Orb de celle d'un affluent du Dourdou.
Après Mélagues, c'est un itinéraire en partie forestier qui, par le col de Coustel, aboutit au pied de la montagne de l'Espinouse. Le GR 71 traverse ce massif boisé, longé par l'Agout et dominant la vallée du Jaur.
Au col de Font-Froide, le GR 71 retrouve le GR 7 venant du Caroux et lui abandonne la ligne de partage des eaux Méditerranée-Océan pour suivre la vallée du haut Agout jusqu'à Anglès. De là, il rejoint le GR 36 qui permet de descendre à Mazamet.

Le GR® 7

L'Espérou • 1 222 m

▶ Carrefour de nombreux sentiers (GR 6, GR 60, GR 62, GR 7, et GR 71).

Le GR 7 a un parcours commun avec le GR 71, le GR 60 et le GR 66. Emprunter vers le Sud-Est sur 500 m la Grande Draille d'Aubrac, dénommée *Grande Draille du Languedoc* sur la carte IGN.

① Prendre à droite le chemin qui gagne le vallon et le suit vers l'aval. Franchir le ruisseau de Pueylong sur une passerelle et remonter en face dans un ravin jusqu'aux ruines de la baraque de Tabusse.

② *Séparation du GR 71 et du GR 66 qui continuent en face vers le pont des Vaquiers.* Obliquer à gauche (Sud-Est) sur un chemin qui contourne par l'Ouest la serre de Ginestous. Atteindre un carrefour.

③ *Séparation du GR 60 qui continue tout droit vers le col de Montals.* Tourner à droite et atteindre la route forestière Dhombres : la suivre vers le Sud jusqu'au pont Double sur la Dourbie. Après celui-ci, continuer en face en laissant à droite la route forestière Dhombres, traverser un replat.

④ Au carrefour du Tonneau, descendre à travers la forêt sur un sentier en lacets, puis, par un vieux chemin sensiblement parallèle à la D 548 sur 150 m, rejoindre le carrefour des routes D 48 et D 548 situé au col de la Broue. Parcourir 10 m sur la D 48 en direction du Vigan.

⑤ Prendre à droite un sentier qui monte à une petite crête mamelonnée (1 167 m). Descendre à travers la forêt et parvenir au

2 h 45 • col de la Sablière • 1 000 m

Hors GR : 5 min • Maison forestière de Puechagut

Emprunter la D 48 à droite.

Couper à nouveau la D 48 et, par un vieux chemin, atteindre une nouvelle fois la D 48 au lieudit La Cravatte (dénommé *Les Perriers* sur la carte IGN). L'emprunter sur 100 m à gauche vers Le Vigan.

⑥ S'engager à droite dans le vieux chemin charretier conduisant à travers les genêts au hameau ruiné de Pratcoustals.

A l'époque des troubles religieux, l'industrie Viganaise était déjà assez importante. Elle fabriquait des draps grossiers dont s'habillait le peuple du Midi. Les autres débouchés étaient le Canada et le Levant ; les troupes du roi en étaient habillées, et c'est à ce commerce que plusieurs maisons du Vigan et de Montpellier durent des fortunes considérables. (...)

Quant à l'industrie de la tonnellerie, qui devait connaître plus tard une grande extension, si on ne connait pas la date de son établissement dans la région, on peut présumer qu'elle est bien antérieure au 15e siècle, puisque le châtaignier était depuis longtemps l'arbre des Cévennes (...).

Cette industrie du drap si florissante au 17e siècle, va péricliter au 18e siècle, d'autres centres régionaux la concurrençaient, parmi eux Carcassonne, Limoux, Lodève... La perte du Canada en 1763 fermait un débouché traditionnel.

Mais ce 18e siècle, fut, là comme ailleurs dans les Cévennes, le siècle de la soie, cette industrie prit un

L'industrie du Vigan au 17e siècle

essor considérable. Très rapidement, la filature de la soie va devenir le principal moteur de l'activité commerciale du Vigan et des environs. Sur cette industrie se greffe en aval de la chaîne de production une industrie de la confection, notamment la bonneterie de soie qui à la veille de la Révolution activait 570 métiers sur le territoire de l'actuel canton du Vigan. Cette industrie, comme alors une grosse part de l'industrie textile dans les autres régions, était essentiellement familiale, se pratiquait à domicile pour le compte de gros négociants locaux. Là aussi, la concurrence d'autres centres, étrangers principalement, allait entraîner la crise de l'industrie de la soie dans la région à la fin du 18e siècle (...) ».

Extrait de *Le Vigan à travers les siècles*, Pierre Gorlier.

Le Musée cévenol du Vigan

Le musée a été créé en 1963 dans une ancienne filature de soie, accolée au « Vieux pont » bénédictin du Vigan. A l'inauguration, il n'y avait qu'une seule vitrine. Celle de la soie. En trente ans, le musée a rempli les trois niveaux du bâtiment. Il présente les aspects géographiques, agricoles, artisanaux et humains du pays cévenol.

Rez-de-chaussée

Salle d'entrée. Elle évoque quatre unités écologiques de la zone couverte par le Parc : la Cévenne du granit, la Cévenne du schiste, le calcaire du Causse Méjan et le reboisement du massif de l'Aigoual ainsi que le tissage de la soie.

Salle des métiers. Elle présente l'orpaillage, la vannerie, la verrerie qui existe dans le pays depuis l'Antiquité, l'« estamaïre » ferblantier ambulant, la poterie, la fabrication des boules de pétanque en buis cloutées, enfin, le scieur de long.

Premier niveau. Un char à bœufs et son joug, spécimens de l'art de l'« aplechaïre ».

Premier étage

Reconstitution d'un intérieur paysan de hautes Cévennes, échoppe d'un sabotier et atelier du dernier tonnelier du Vigan.

Salle d'ethnologie. Les thèmes étudiés sont les bases de ce que fut la vie locale aux siècles passés : le châtaignier qui a conditionné la vie et l'alimentation ; le cochon et la charcuterie domestiques ; la transhumance des moutons, les bergers et leurs traditions, la laine, la chèvre ; la vigne et le vin ; enfin, une très longue vitrine étudiant tout le cycle de la soie, depuis l'élevage des vers à soie et la filature jusqu'à la fabrication des bas de soie sur les anciens métiers.

Deuxième étage
A mi-étage, présentation d'un tour « à arc », ancêtre des tours classiques.

Salle André Chamson. Ce « fils des Cévennes » qui a passé toute son enfance au Vigan y est présenté dans sa vie et dans son œuvre. Les paysages cévenols sont le cadre du plus grand nombre de ses romans. Salle du temps. Ensemble évoquant l'évolution des Cévennes gardoises. Depuis les âges géologiques jusqu'à une prospective d'espérance (préhistoire, moyen âge, Réforme, 18e et 19e siècles ; portraits de quelques grandes figures cévenoles).

Odette Tessier du Cros
Créateur du musée et conservateur (1963-1983)

Au musée du Vigan, l'intérieur paysan des cévenols du massif de l'Aigoual est soigneusement reconstitué.
Ph. Musée cévenol du Vigan.

Descendre en direction du Sud jusqu'à

1 h 20 • Aulas • 330 m

🛒 ☕

Hors GR : 30 min • Bréau

🏠 ⛺

Franchir la rivière, prendre l'ancien chemin du Vigan, couper la D 48.

⑦ 100 m plus haut, s'engager à droite sur un sentier à flanc de montagne qui coupe la D 170 et atteint une petite crête.

⑧ Après une maisonnette (dite la maison du facteur), descendre à angle droit par un sentier étroit jusqu'à la D 170 qui, en contournant le lycée, arrive au boulevard des Châtaigniers dans

1 h • Le Vigan • 231 m

🏠 🏫 ⛺ 🛒 🍴 ☕ ℹ️ 🚌

▶ Départ du GR de Pays « Tour du Viganais », balisé en jaune et rouge.
En face des écoles, emprunter le chemin de la Rivière, remonter le cours de l'Arre.

⑨ A la ferme de Cairol, continuer le long de la rivière, puis franchir le pont pour entrer dans

30 min • Avèze • 247 m

🏫 ⛺ 🛒 🍴 🚌

Sortir du village par la D 48 en direction de Montdardier et prendre à droite le chemin du Moulin.

⑩ Obliquer à gauche par un sentier qui monte et atteint un vallon.

⑪ Sans le traverser, tourner à droite et poursuivre par le sentier en lacets. Après le hameau ruiné d'Aire-Ventouse, franchir le rebord du causse de Blandas. Déboucher sur la route des Campels et l'emprunter à gauche jusqu'à

2 h 15 • Montdardier • 615 m

🏠 🛏️ ⛺ 🍴

Sortir du village en prenant, presque face à l'église, un chemin vers l'Ouest qui passe sous une ligne à haute tension et dessert des carrières de pierres lithographiques.

⑫ Un peu avant les carrières, tourner à gauche (Sud) sur un chemin qui rejoint la D 113.

⑬ Emprunter la D 113 vers l'Ouest sur 4 km jusqu'à

2 h • Blandas • 660 m

Sur la place du village, tourner encore à gauche sur la D 158 et la suivre sur 200 m.

⑭ Emprunter sur la droite une draille rejoignant la D 713 qui conduit au rebord du causse *(café)* où l'on découvre, dans la vallée, le cirque de Navacelles. Descendre la route sur 1 km.

⑮ S'engager à gauche dans des éboulis pour rejoindre, 50 m plus bas, le vieux chemin ; le suivre jusqu'à la Vis, franchir celle-ci sur un pont très étroit pour entrer dans

1 h 15 • Navacelles • 310 m

▶ Départ d'un PR balisé en jaune et bleu menant au Caylar (28 km).

Longer le cimetière. Prendre un petit chemin qui monte sur la corniche au-dessus de la Vis. Rejoindre un chemin qui longe le canal coulant à mi-pente, le suivre jusqu'au lieu dit Mas du Pont.

⑯ 500 m plus loin, s'engager à droite sur un sentier orienté au Nord à son départ, montant en lacets à travers la pierraille.

⑰ Sur le plateau, tourner à gauche entre le rebord des gorges et le grillage. Bifurquer ensuite à droite, en passant un portail métallique. Suivre le chemin qui coupe à travers le causse, passe au réservoir d'eau et atteint

2 h 30 • Saint-Maurice-de-Navacelles • 572 m

▶ Départ du GR 74 vers Saint-Guilhem-le-Désert : voir p. 95.

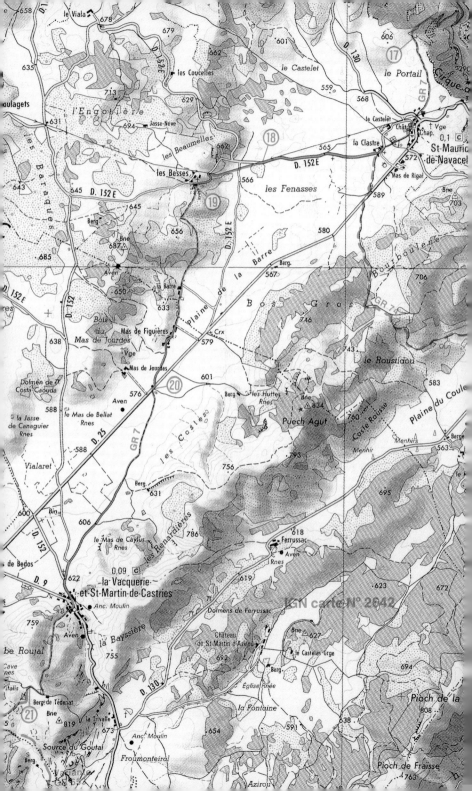

Quitter le village par le chemin du cimetière et continuer par la D 152E en direction de la Clastre. *(Remarquer, tout le long de la route, plusieurs croix qui indiquaient l'ancien chemin.)*

(18) A l'endroit où une ligne électrique coupe la route, s'engager à gauche, en lisière d'un bosquet, sur un sentier qui suit la ligne et rejoint la route : l'emprunter jusqu'à l'entrée du hameau des Besses.

(19) Après une croix (située à droite de la route), se diriger à gauche (Sud) entre deux bâtiments dont l'un est en ruine et suivre un sentier qui, peu après, franchit une petite dépression. Passer devant la ferme de la Barre puis au mas de Figuières *(ferme-auberge)*. Emprunter à droite la D 25 sur quelques mètres.

(20) Près d'une mare, s'engager sur un sentier cheminant sur le plateau. Ce sentier s'élargit et devient une route : l'emprunter jusqu'au village de

2 h 30 • La Vacquerie-et-Saint-Martin-de-Castries • 637 m

Les environs permettent de voir de nombreux tumulus, dolmens et menhirs. On relève aussi plusieurs habitats et enceintes du chalcolithique ainsi que quelques villas romaines. Le village présente des maisons cévenoles et une maison Renaissance.

A l'orme de Sully, prendre vers le Sud-Est un chemin qui fait place à un sentier montant dans la combe Roujal. Atteindre le chemin de la

30 min • Bergerie de Tédenat • 809 m

Près de la bergerie, se diriger à droite (Ouest).

(21) 250 m plus loin, tourner à gauche (Sud) sur un sentier longeant un bosquet de pins noirs. Il décrit une large courbe à droite (Ouest) et atteint la lisière Est de la forêt domaniale de Notre-Dame-de-Parlatges. Continuer le sentier jusqu'au carrefour au niveau du Jouquet (770 m).

(22) *Jonction avec la variante du GR 653 venant de Saint-Guilhem-le-Désert.* Le GR 7 emprunte la route forestière en face.

(23) Au carrefour, prendre à gauche une autre route forestière qui longe un ruisseau puis s'en éloigne pour rester sur le plateau dont elle suit le rebord. Atteindre la

(24) 1 h 30 • Jonction avec le GR 74 • 686 m

Suivre à droite la piste qui chemine sur le flanc Nord de la Serre de Mélanque.

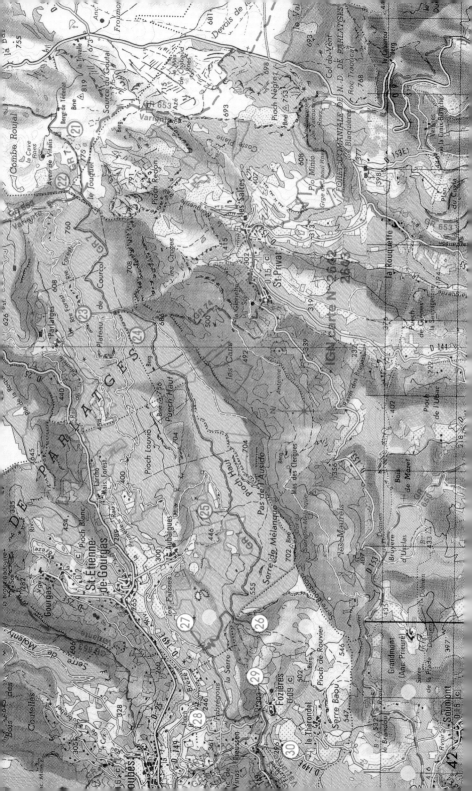

(25) Arriver à une intersection. *(De là, on peut descendre en 45 mn à Saint-Étienne-de-Gourgas : église du milieu du 12ᵉ siècle.)*

(26) Au col de Mélanque (550 m), continuer sur une large piste forestière qui descend en pente douce. A la première intersection, prendre à gauche une piste (Ouest) qui pénètre dans la forêt. La piste se rétrécit au niveau d'un terre-plein et devient un sentier qui descend en pente raide à travers la forêt de pins pour atteindre une route.

(27) La prendre à gauche sur 1 km.

(28) S'engager à gauche sur un sentier qui descend au cimetière de Fozières.

(29) *Jonction avec le GR 71 et la variante du GR 653 venant de Soubes. Parcours commun jusqu'à Lodève.*

2 h • Fozières • 303 m

Au premier croisement, avant le centre du village, prendre à droite la petite route qui passe devant un calvaire en direction du terrain de tennis. Elle contourne par la droite la station d'épuration. Continuer sur 150 m pour rejoindre la D 149. Prendre à gauche jusqu'au prochain croisement et poursuivre à gauche en direction de Soumont sur 50 m.

(30) Au niveau de la première épingle à cheveux, quitter la D 149E pour emprunter en face une petite route. Passer devant les bâtisses situées sur la droite et suivre le sentier qui longe le ruisseau de Fozières jusqu'au pont de l'autoroute.

Charivaris en Lodévois

« Quoique défendus par les ordonnances, les charivaris constituent, vers le milieu du 18ᵉ siècle, un divertissement fort recherché dans le diocèse de Lodève, spécialement dans sa partie sud-orientale. Ici comme ailleurs, ils s'adressent à tous ceux qui excitent contre eux l'opinion publique de la localité. C'est ainsi qu'à Montpeyroux, en 1740, un charivari est dirigé contre le curé à qui ses ouailles reprochent sa sévérité outrée à l'égard des danses et ses trop nombreux sermons.
Mais le plus souvent, les charivaris s'adressent à de nouveaux époux, qui présentent entre eux une disproportion marquée. Les victimes les plus fréquentes en sont les hommes âgés, qui convolent en seconde noce avec une jeune fille et que l'opinion publique classe d'emblée parmi les cocus.
La jeunesse de la localité — groupée en un corps qui possède son chef et son drapeau — se charge elle-même de la vindicte, sous forme de bruits plus ou moins organisés et de dramatisations dont la plus fréquente est la figuration d'un bonhomme de paille, monté à rebours sur un âne, ce mannequin désigne à la raillerie publique celui que l'on veut tourner en dérision ; on le promène à travers les rues, en chantant de mauvais vers de circonstance, ceci dans la langue du pays. »
Extrait d'un article d'Émile Appolis, *Les charivaris au 18ᵉ siècle dans le Lodévois*, paru dans la revue *Folklore*, n° 3, 1950.

(31) S'engager à gauche sur la N 9 qui longe le ruisseau de la Lergue. Continuer tout droit sur 800 m.

Franchir à droite le pont de Celles et suivre la route principale pour entrer dans

1 h 15 • Lodève • 165 m

🏠 🏕 🛒 ✕ ℹ 🚌

Cathédrale Saint-Fulcran, des 13ᵉ (chœur) et 14ᵉ siècles (nef) ; musée de préhistoire. Capitale des Volsques puis cité romaine, la ville fut le siège d'un évêché du 4ᵉ siècle jusqu'à la Révolution. Voir l'hôtel des Chevaliers de Saint-Jean-de-Jérusalem.

▶ Séparation du GR 71 qui conduit au col du Perthus : voir p. 75.

La suite de l'itinéraire, entre Lodève et Dio, parcourant le plateau de l'Escandorgue, ne doit être entreprise que par temps clair.

Sortir de la ville en traversant le ruisseau de Soulondres. Emprunter la D 148E en direction d'Olmet-et-Villecun sur 800 m.

(32) Prendre à droite le chemin qui conduit à Belbézet. A l'entrée de cette propriété, s'engager à gauche sur un petit sentier qui monte pour contourner les bâtiments du domaine.

(33) Au col de la Défriche, emprunter vers le Sud la D 157 sur 100 m.

(34) Devant le portail de la Défriche, prendre la piste qui grimpe à droite.

(35) Atteindre le relais hertzien du Travers de Montnier. Poursuivre en montant jusqu'à un

(36) **2 h 30 • col • 640 m**

▶ Séparation du GR 653 qui se dirige au Nord vers Lunas.

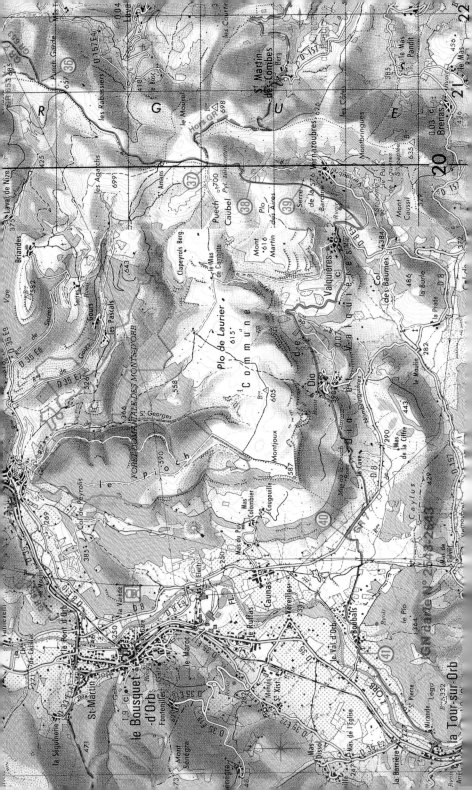

Le GR 7 se dirige au Sud et contourne le Puech Garde par l'Ouest. Poursuivre dans la même direction sur la crête jusqu'à la

30 min • chapelle Saint-Amans • 669 m

(37) Atteindre un large col (669 m), situé près d'un relais hertzien.

> **Hors GR : 1 h 30 • chapelle Notre-Dame-de-Roubignac • 380 m**
> *Restaurée en 1991, elle est la seule église du Lodévois à avoir été préservée de trop nombreuses et irrémédiables transformations, sans doute par le fait qu'elle desservait une paroisse abandonnée depuis des siècles. S'il est déjà fait mention d'une église dans un acte de 907, l'édifice actuel date du 12ᵉ siècle. Il faut voir le tympan sculpté du portail, le seul du diocèse.*
> Emprunter un chemin vers l'Est pour descendre à Saint-Martin-des-Combes, puis suivre la D 157 jusqu'aux Valarèdes.

(38) 500 m après le col, obliquer sur le sentier de droite qui descend toujours en crête entre le vallon de Vernazoubres et celui de Valquières.

(39) A la croix de la Durante, prendre le sentier de droite en terre rouge qui débouche sur un large chemin : le suivre à droite ; peu après, emprunter à droite la D 8E. Traverser Valquières *(maisons médiévales)* et, par la route, franchir le ruisseau de Brayou ; 400 m plus loin, s'engager à droite dans un sentier et suivre un chemin de terre à gauche. Passer à droite du calvaire pour suivre un sentier passant au-dessus de l'église de

1 h 45 • Dio • 390 m

Pittoresque village au pied d'un château. Voir deux moulins du 17ᵉ siècle sur le Vernoubrel. L'église Saint-Etienne, située sur le chemin de crête passant au-dessus de Joncels, fut léguée en 988 par Fulcran, évêque de Lodève, au monastère de Joncels, lui-même dépendance de Psalmodi (très riche abbaye bénédictine proche du littoral).

Passer devant le gîte d'étape et suivre le chemin de terre. Au carrefour, prendre le chemin de gauche pour atteindre le mas de Douch (330 m). Franchir un ruisseau et, à travers des vignes, gagner la D 8, l'emprunter à droite.

(40) 600 m plus loin, utiliser à gauche un chemin d'exploitation qui passe sous des lignes électriques, traverse le ruisseau de Nombringuières et atteint Boubals à travers des champs cultivés. Emprunter la D 35E en direction de l'Orb.

(41) Prendre à gauche un chemin qui suit la rive gauche de la rivière. Franchir celle-ci au lieu dit Mirande (le moulin) pour gagner

2 h • La Tour-sur-Orb • 230 m

Emprunter la D 35 à gauche en direction de Bédarieux.

42 A la hauteur de l'ancienne halte SNCF, passer sous les voies ferrées et monter par la D 23 le long du ruisseau des Hortes, au village de

30 min • Boussagues • 280 m

Quitter le village par le chemin du cimetière (Sud). Parcourir 750 m sur une petite route.

43 Face à la croix de Clairac, s'engager à droite dans un chemin d'exploitation à travers des vignes. Traverser un petit bois ; passer à une croix et descendre (Sud) en pente douce. Laisser Clairac sur la droite. Continuer toujours dans la même direction, passer à La Gure, couper une route et, par un petit sentier, atteindre la rivière la Mare. La franchir au pont du Diable. Couper la D 922.

44 Atteindre une intersection.

Hors GR : 20 min • Villemagne • 193 m

Les bénédictins de l'abbaye de Villemagne tiraient l'essentiel de leur richesse de l'extraction du minerai de plomb argentifère dont la présence est signalée par le nom même du village : Villemagne-l'argentifère. Ces bénédictins ont laissé à Villemagne deux églises (Saint-Majan, dont il ne reste que le clocher du 13e siècle et Saint-Grégoire, du 12e siècle) et un bâtiment roman appelé « hôtel des Monnaies ».

Emprunter le chemin de gauche.

Continuer tout droit jusqu'au Pradal.

45 A une croix, quitter la route pour s'engager à gauche sur un chemin.

46 Obliquer sur le chemin de droite qui descend en lacets. Bifurquer à droite en franchissant le ruisseau du Rieu Pourquié et gagner La Sesquière. Emprunter la petite route, puis la D 13 à droite.

47 Au carrefour de la croix de Tribes, prendre à gauche la D 22E vers le Sud. A Bardejean, descendre à gauche par un chemin (Sud) à travers vignes et bois jusqu'à la station thermale de

3 h 45 • Lamalou-les-Bains • 200 m

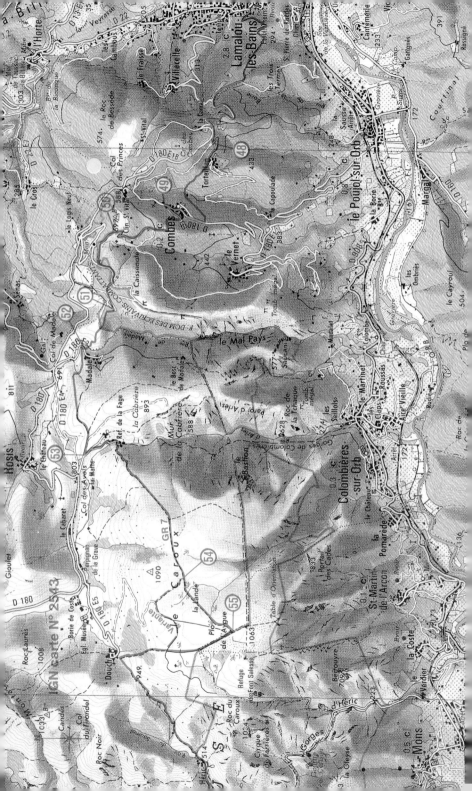

Quitter la station thermale par la rue Paul-Cère (en face d'une pharmacie) et monter en forêt. Emprunter la D 180E, passer à la croix des Baussels.

(48) Bifurquer à gauche dans un chemin goudronné (Ouest) menant à Torteillan *(villa romaine)*. Dans ce hameau, prendre à droite un chemin qui monte parmi les châtaigniers jusqu'à

1 h 30 • Combes • 505 m

Sortir du village par la D 180.

(49) 100 m plus. loin, tourner à gauche. Avant le cimetière, grimper à droite par un sentier bordé de murettes sous bois. Au réservoir, tourner à gauche sur la route, puis à droite. Dans la montée, emprunter à droite une piste forestière non revêtue, puis s'engager à droite sur un layon conduisant à la croix des Ecrivains Combattants.

(50) Emprunter vers l'Ouest la route qui monte en lisière du bois, le traverse et suit de nouveau la lisière.

(51) A l'extrémité de la route, obliquer à gauche pour utiliser un sentier qui descend à un ruisseau. Le franchir et monter jusqu'à la D 180E, la suivre au Nord par Madale.

(52) Dans le virage, prendre à gauche un chemin forestier qui monte vers la crête.

(53) Emprunter à gauche (Sud) la route qui descend à l'ancien moulin et au

2 h • Refuge de la Fage • 800 m

N'entreprendre la traversée du plateau du Caroux que par temps clair.

S'engager sur une trace (Ouest — Sud-Ouest) qui s'élève sur le plateau. La pente s'adoucit. Laisser à droite la jasse de Bonnel ; parcourir un replat sur 1 km, puis passer devant la jasse de Jougla.

(54) Atteindre une zone marécageuse. *(Pour éviter des ruches, il est conseillé de prendre à droite un chemin : voir tracé sur carte en tirets).* Le GR s'infléchit vers le Sud

(55) Au lieu dit Plo de l'Aygue (1 063 m), atteindre un sentier plus important. *On peut aller à gauche jusqu'à la table d'orientation (1 039 m).* Tourner à droite (Nord), passer à la source de Font Salesse et descendre au hameau de

2 h • Douch • 890 m

Prendre, dans le hameau, un chemin dont le début est marqué d'une croix et qui grimpe (Sud-Ouest) au col de l'Airole (949 m). Après celui-ci, descendre dans un ravin en direction d'un bois ; suivre la lisière à gauche, franchir deux ruisselets, puis descendre par un sentier « caladé » à Héric (514 m) *(trois gîtes de groupes)*. Poursuivre sur la rive droite du ruisseau de Soumal par un sentier qui pénètre sous bois.

⑤⑥ Franchir le ruisseau du Vialais sur un petit pont (458 m). Emprunter un bon chemin qui, par le col de Bardou, mène au hameau de

1 h 20 • Bardou • 573 m

Au parc de stationnement, tourner à droite et rejoindre l'ancien chemin « caladé ». Peu après, s'engager à droite sur un sentier longeant le ruisseau de Bardou.

⑤⑦ Au Nord du lac de l'Airette, franchir un torrent, puis monter par un sentier en larges lacets au col du Sécadou (540 m ; ruines restaurées).

⑤⑧ 500 m après le Sécadou, bifurquer à gauche, passer sous le col des Landres, puis parvenir aux ruines de Chavardès *(peu après, on peut trouver une source permanente)*. Franchir trois ruisseaux en restant pratiquement à flanc.

⑤⑨ Au col de Peyre-Azent, emprunter à droite le coupe-feu en pente raide sur 100 m, se diriger à gauche pour contourner le Montahut par le Sud *(point de vue sur les vallées de l'Orb et du Jaur)*. Atteindre la forêt domaniale de Saint-Julien et, par un parcours accidenté, gagner la

3 h 30 • maison forestière des Bourdils • 1 058 m

▶ Jonction avec le GR 71 venant de l'Espérou. Parcours commun jusqu'au col de Fontfroide.

Se diriger plein Ouest par un passage en balcon jusqu'au

20 min • col de la Bastide • 978 m

Le GR 7 continue tout droit sur 3 km.

⑥⓪ A l'extrémité du chemin, s'engager sur une trace peu distincte qui traverse un plateau en décrivant une large courbe. Ne pas descendre. Après 1 km, emprunter à gauche une large piste qui suit une ligne électrique et rejoint la D 53. La suivre à gauche jusqu'au

2 h 10 • col de Fontfroide • 972 m

Hors GR : 45 min • Cambon • 878 m

Emprunter la D 53 vers le Nord-Est.

▶ Séparation du GR 71 qui se dirige à l'Ouest vers Fraisse-sur-Agoût et Mazamet : voir p. 85.

Emprunter vers le Sud une piste forestière. Elle monte à un col puis parcourt un plateau passant au Nord des ruines de Rivieyrals.

(61) Couper un large chemin (1 026 m) qui relie le col de la Bane aux Sieyres. Contourner le Bureau (1 091 m) et sa forêt par l'Est. La piste s'oriente vers l'Ouest afin de contourner la forêt par le Sud.

(62) Emprunter à droite une route forestière jusqu'au

2 h 30 • barrage du Saut-de-Vézole • 965 m

En amont du lac de Vézole : refuge gardé l'été au lieudit Camblanc, abri précaire le reste de l'année.

▶ Jonction avec le GR 77 qui rejoint par Minerve le GR 36 à la montagne d'Alaric.

Par GR 77 : 3 h 30 • Prémian • 244 m

Continuer par un sentier (Sud) qui suit le bord du ravin du ruisseau de Bureau.

(63) Atteindre un belvédère (951 m), puis emprunter à gauche une route forestière.

(64) Passer devant une stèle, puis atteindre le col des Biaous. Dépasser une maison forestière et arriver au

1 h 30 • col du Cabarétou • 941 m

Hors GR : 10 min • Auberge *Le Cabarétou* • 920 m

Emprunter la D 907 sur 300 m vers le Nord.

La fête de la châtaigne

Le pays de Thomières disposait autrefois d'un important verger de châtaigniers. L'automne voyait déferler de la montagne les castanhaïres, les châtaigneurs et châtaigneuses, venus assurer le ramassage. Ils se rassemblaient sur le Foirail, le 27 octobre, jour de la foire de Saint-Pons. Là, les propriétaires recrutaient le personnel dont ils avaient besoin. Le travail était dur mais suivi de joyeuses veillées où l'on dansait au son de l'accordéon, et où l'on dégustait les marrons grillés sur le feu dans des poêles trouées à long manche. La vente de la récolte se faisait le mercredi à Saint-Pons. Une partie de celle-ci était réservée à la consommation locale.
Depuis 25 ans, grâce au groupe folklorique Los Castanhaïres dal Somal, Saint-Pons a renoué avec ses traditions. Vêtus de costumes traditionnels, chaussés de sabots, les musiciens et chanteurs animent des foires et des veillées, et surtout cette fête de la châtaigne.
Extrait du Guide Bleu *Languedoc-Roussillon*, Hachette.

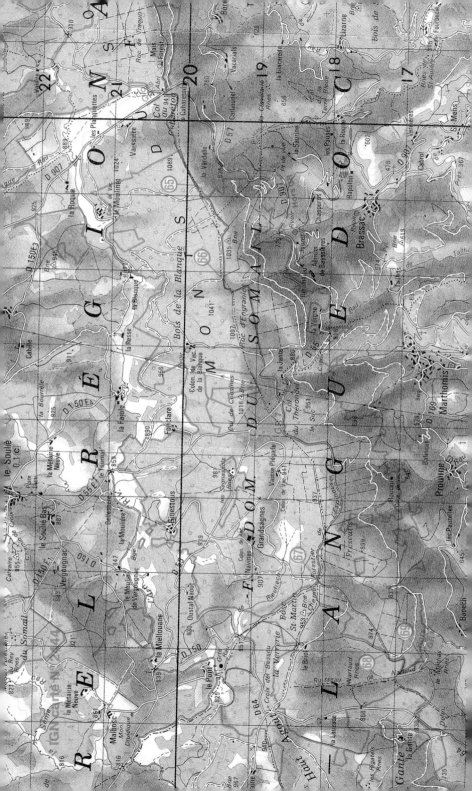

Traverser la D 907 et prendre, juste en face de la route forestière que l'on vient de quitter, un sentier qui monte vers une hêtraie puis devient une trace. Arriver à un grand layon (1 069 m) et le suivre toujours dans la même direction (Ouest).

(65) Atteindre une route forestière : l'emprunter pour passer au Nord de la borne géodésique 1 035.

(66) Au point où la route vire à droite à angle droit, continuer en face sur une trace qui rejoint la route de la colonie de la Blanque ; suivre cette route à gauche jusqu'au

1 h 45 • col du Thérondel • 940 m

Hors GR : 10 min • La Jante • 900 m

Emprunter la D 55 à gauche.

Traverser la D 55 et suivre vers l'Ouest sur 3 km le chemin forestier de l'Espinouse.

(67) A un carrefour, se diriger à gauche (Sud).

(68) S'engager sur un sentier qui descend vers le ruisseau de Narthaud.

(69) Atteindre une route forestière.

Hors GR : 1 h 15 • Labastide-Rouairoux • 380 m

Cet itinéraire, baptisé Sentier des Trois Cols est plus court que le GR.

Prendre à gauche la route forestière ; 300 m plus loin, tourner à droite. Au col du Moulin (754 m), atteindre une capitelle ; 300 m plus loin, quitter la piste et utiliser à droite un sentier (Sud-Ouest) descendant au village.

Le GR tourne à droite, franchit le ruisseau de Narthaud.

▶ Avant les ruines du Mathas, possibilité de suivre le cours du ruisseau vers l'aval pour rejoindre ensuite le GR 7 après une ruine au niveau d'un abri *(itinéraire non balisé).*

Le GR atteint les ruines du Mathas. Monter en direction de l'Ouest jusqu'à la D 64 et l'emprunter à gauche (Sud). *(Après avoir parcouru 500 m sur la route, remarquer à gauche un dolmen).*

⑦ Utiliser des raccourcis pour gagner

2 h 30 • Labastide-Rouairoux • 380 m

🏠 🏨 🛏 🏕 🛒 🍴 ☕ ⓘ 🚌

Situé à l'Ouest du col de la Fenille par lequel on accède au Saint-Ponais et au Bas-Languedoc, cette ville s'allonge dans la vallée du Thoré dont les eaux se perdent vers les verreries de Moussans, donc en versant Atlantique, avant d'être restituées en partie en versant méditerranéen à la source du Jaur à Saint-Pons. Labastide-Rouairoux était un centre industriel lainier dans la mouvance de Mazamet.

Devant l'Office de tourisme, rejoindre le pont sur le Thoré, traverser la N 112, descendre la rue, rive gauche, qui conduit vers le Sud à Cantignous. Après ce hameau, continuer sur un sentier le long du ruisseau de Beson.

⑦① Franchir le ruisseau. Plus haut, passer près des ruines de la ferme des Clottes *(source)*. Suivre toujours le vallon et, en sous-bois, atteindre la métairie de Beson.

⑦② **2 h 15 • intersection • 792 m**

Hors GR : 5 min • Le Fournas

Poursuivre en direction du Sud-Ouest pour aboutir sur la D 920. La suivre vers la droite. Après le pont sur le Candesoubre, à un carrefour, tourner à gauche. Longer une habitation. Monter à droite en direction de Sales.

⑦③ S'engager à gauche dans un chemin qui rejoint

15 min • Sales • 836 m

Continuer sur la D 88 qui aboutit à Farail.

Ne pas pénétrer dans le hameau de Farail, mais bifurquer à droite. Utiliser la piste la plus large se trouvant sur la gauche.

⑦④ Après 1,2 km, remonter à gauche.

⑦⑤ Vers le sommet de la côte, traverser un carrefour, rejoindre une voie empierrée et la suivre vers l'Ouest en montant.

Bois de Ver...

Bois de Sauveterre

le Communal de Sauveterre

Bois de Vaissières

Bois

Albine

0,6 C

les Hauts

IGN carte N° 2344-2444

PRADELS DE NORE

O N L A

Roque Bessière

Roque Fleury

Puech Estève

Peyre Moulou

la Bouzole

Pic de Nore

Bois Nègre

les Douzes

Commune de Castans

Quintaine

Lafargue

Laviale

Realpo

Aiguebelle

la Goussaterie

le Baux

les Brugues

Roque d'en Granié

la Resse

la Lauze

la Nespoula

Roc de Peyremaux

la Combe Sourde

Roc d'Albine

Roc du Pommier

Galinas

Plo de la Croux

Four de Verre

Bounoneit

le Santé

le Baylé

Salettes

Col de Salettes

Chiffre

la Serre d'Alaric

D 620

GR 7

GR 7

D 88

D 620

Dominée au Nord-Ouest par le pic de Nore (1 210 m), la montagne Noire, balcon méridional du Massif Central, matérialise la frontière entre les départements de l'Aude et du Tarn. Le versant Nord, abrupt, se rattache au Haut-Languedoc. Bien arrosé, il est riche en forêts et lacs. Le versant Sud, aux pentes douces, constitue le Cabardès. Soumis à un climat beaucoup plus sec, il est recouvert de châtaigniers et de genêts, auxquels succède, à plus basse altitude, la garrigue méditerranéenne entrecoupée de vignes et d'oliviers.

Habitée dès la Préhistoire, la montagne Noire n'a cessé que très tard d'être un important lieu de passage. Sa tradition minière, également immémoriale, due à la présence de minerais extrêmement divers : or, argent, cuivre, fer et plomb, est illustrée aujourd'hui par les importantes installations de la célèbre mine de Salsigne. Le grand nombre des cours d'eau a longtemps alimenté une multitude de petites industries à présent disparues : moulins à foulon, moulins plâtriers, scieries, minotcrics ct cartonneries.

L'économie traditionnelle de ce pays, où seule une agglomération atteint le chiffre de 1 000 habitants (Cuxac-Cabardès), est encore en grande partie vouée à l'exploitation de la forêt et à l'élevage. Depuis peu, cette activité est largement relayée par le développement du tourisme grâce à l'inclusion de son versant Nord dans la Parc régional du Haut-Languedoc. L'établissement, en 1985, d'un barrage à Laprade a fait de la montagne Noire le château d'eau de Carcassonne et de sa région.

Extrait du Guide Bleu *Languedoc-Roussillon*, Hachette.

(76) Laisser les pistes se trouvant sur la droite et prendre la direction Sud pour arriver sur le plateau.

(77) Ne pas descendre vers la D 920, mais emprunter à droite un large chemin forestier qui passe à la

1 h 30 • fontaine des Trois-Évêques • 900 m

Source à la jonction de trois départements : Aude, Hérault, Tarn.

Continuer vers l'Ouest par la route forestière qui délimite le Parc naturel régional du Haut-Languedoc. Passer au roc de Peyremaux *(1 007 m, panorama).*

Hors GR : 2 h • Laviale • 650 m

Atteindre la route de Nore au

2 h 30 • col del Tap • 1 153 m

Appelé dans le pays « portail de Nore ».
Abri. Source.

▶ Jonction avec le GR 36 : vers le Sud, il se dirige vers Carcassonne et le Canigou ; vers le Nord-Ouest, son parcours est commun avec le GR 7 jusqu'au moulin de l'Honle.

Par GR 36 (Sud) : 15 min • Pic de Nore • 1 211 m

Point culminant de la Montagne Noire. Vues vers l'Aude, la mer et les Pyrénées.
Table d'orientation, émetteur de télévision.

Traverser la route et, par un chemin orienté Ouest-Nord-Ouest, descendre vers

1 h • Le Triby • 940 m

Abri. Point d'eau, camping possible.

Près de l'abri, s'engager à droite sur un chemin en sous-bois.

(78) Poursuivre par un sentier qui arrive sur une crête couverte de bruyère. *(Vue à l'Ouest sur le sommet du Montaud et, par temps clair, sur les Pyrénées.)* Un peu plus loin, sur le versant Nord, on découvre de vastes horizons sur la plaine de Mazamet et sur les monts de Lacaune. Le sentier, bordé de genêts, pénètre ensuite sous bois et descend vers le Lauzié (800 m). Avant les ruines d'une maison forestière, tourner à gauche.

(79) 60 m plus bas, à un carrefour, emprunter un large chemin à gauche qui, par endroits, offre des vues sur Mazamet et sur la plaine.

(80) Bifurquer à droite pour atteindre la ferme de

1 h 30 • Brettes • 650 m

Point d'eau.

Bifurquer à gauche au coin du premier bâtiment. Le chemin traverse un pré et conduit dans la vallée au lieudit Cayenne. Emprunter la départementale sur la droite jusqu'à Castaunouze, puis franchit l'Arnette pour se diriger vers Hautpoul.

(81) Quitter la route pour un sentier menant à une ancienne usine *(séparation du GR 36)*.

> **Par GR 36 : 10 min • Mazamet • 241 m**
>
> 🏠 🏡 ⛺ 🛒 🍴 ☕ ℹ️ 🚌 🚃

Ne pas franchir la rivière, prendre à gauche le sentier montant à

30 min • Hautpoul • 518 m

Maison de l'artisanat du jouet en bois et du mobilier pour enfants.

Le GR 7 grimpe à gauche au village ; le traverser, puis suivre la route et s'engager sur le sentier botanique montant à Prat-Viel. Tourner à droite pour atteindre

1 h • Labrespy • 584 m

🛒 🍴 ☕

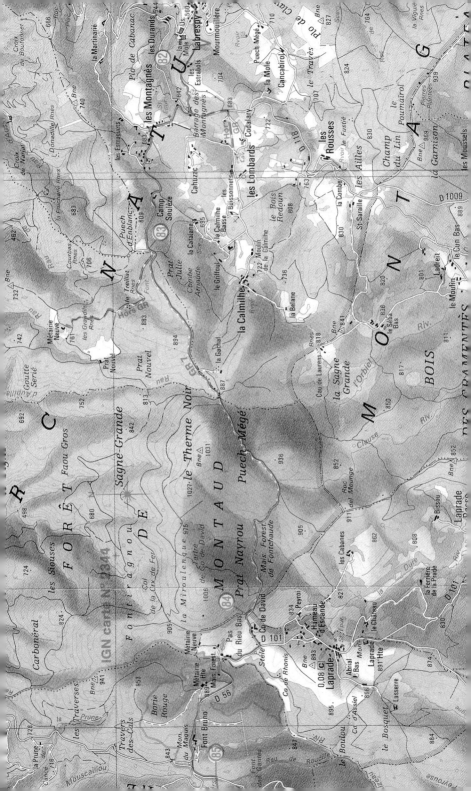

Traverser le village de Labrespy et, avant sa sortie, tourner à gauche sur le chemin de la ferme de Codeborie *(Les Estrabols sur la carte)*.

(82) Peu après la ferme, le chemin se divise en deux : rester sur la voie de droite pour aboutir à la route D 118 *(cars Mazamet — Carcassonne)*.

Hors GR : 15 min • Les Lombards • 682 m

Emprunter la D 118 à gauche, puis la première route à droite.

Prendre en face une route qui conduit au

1 h • lac de Montagnès • 683 m

Bassin destiné à l'alimentation en eau potable de Mazamet.

Continuer sur la route qui contourne le lac (Ouest). Passer à Camp Soulèze. Atteindre un

(83) **30 min • carrefour • 800 m**

Hors GR : 30 min • La Métairie Neuve • 761 m

Suivre la piste centrale.

Prendre la voie de gauche qui passe au Nord de La Gachal et, peu après, s'enfonce dans la forêt de Montaud (903 m).

(84) A son extrémité, bifurquer à gauche. Passer devant la ferme de Co-de-David et déboucher sur la D 101 : emprunter celle-ci à droite jusqu'au hameau du Pas du Rieu (850 m). Poursuivre par la D 56 en direction de Labruguière ; 2 km plus loin, arriver à

3 h • Font Bruno • 859 m

Prendre le chemin à gauche avant le monument de Font-Bruno *(élevé à la mémoire du corps-franc de la Montagne Noire ; crypte sous le monument)*. Prendre, en contrebas, la route forestière qui se dirige vers La Galaube.

(85) Monter à droite en forêt. Un peu plus haut, traverser un chemin forestier. L'itinéraire suit la direction générale du Sud-Ouest en restant à altitude constante.

(86) Emprunter à droite la route forestière de La Galaube pour rejoindre le hameau de Pierron *(sur la droite, se trouve le hameau des Escudiès)*. Utiliser à gauche un chemin qui descend dans un vallon, franchit un ruisseau et conduit au village d'

3 h • Arfons • 659 m

Emprunter le D 12 vers le Sud-Est (direction Saissac) sur 1 km.

(87) Après le pont sur le Sor, s'engager à gauche sur un sentier qui monte et aboutit à une route forestière : l'emprunter à gauche sur 120 m, puis à droite un chemin qui monte aux ruines de Cantemaraud.

(88) Au col, bifurquer à gauche pour prendre presque en face un chemin qui descend dans la forêt de Ramondens et passe près des ruines de la maison forestière du Lampy. Bifurquer à droite ; plus loin, franchir à gué le ruisseau de Lampy et, en sous-bois, suivre un large chemin bordé de murettes de pierres sèches ; plus haut, déboucher sur une route forestière qui, à droite, conduit au lieudit Bordeneuve. Continuer sur un chemin forestier qui s'enfonce dans un bois de conifères et qui, par une large boucle, conduit au Lampiot *(colonie de vacances)*.

(89) Avant d'atteindre le premier bâtiment, obliquer à droite sur une sente pour rejoindre un chemin et l'emprunter à droite.

(90) Aux deux intersections suivantes, utiliser les chemins de gauche pour atteindre le lac du Lampy. Longer la rive gauche pour arriver au

1 h 40 • barrage du Lampy • 680 m

Franchir le barrage et, aussitôt après, prendre à gauche une allée forestière qui descend au Lampy-Vieux sur la D 4 ; la suivre à droite pour franchir le ruisseau du Lampy.

(91) Avant un pont sur la rigole, emprunter à gauche le large chemin qui la longe. Au croisement, ne pas passer le pont mais continuer tout droit.

(92) Après un parcours de 45 min, au Sud-Ouest du hameau du Conquet, franchir la rigole pour passer sur sa rive droite. La longer en direction de l'Ouest jusqu'au lieudit

1 h 45 • Plô de la Jasse • 608 m

▷ Possibilité de rejoindre le gîte d'étape de Rodes en suivant le balisage jaune (à 5 km après avoir traversé la D 629).

Toujours sur la même rive, l'itinéraire domine le lac-barrage de Gravette et atteint

45 min • Les Cammazes • 610 m

Dans le village, suivre la D 629 à gauche sur environ 400 m en direction de Saissac.

(93) Emprunter à droite le chemin de la plaine des Faures. Il chemine agréablement en droite ligne, longe un lotissement neuf et plus loin une clôture, puis, tournant à droite, débouche sur la D 803. La suivre à gauche sur 250 m.

(94) *Au carrefour (croix), jonction avec la variante Pierre-Paul Riquet. Le GR 7 descend en face la D 803 pour atteindre La Roque Haute.*

(95) Quitter cette départementale, à droite, pour une petite route bordée d'acacias ; 800 m plus loin, suivre à gauche le chemin d'Aygues-Nègres. A la première maison, prendre à gauche le chemin de terre en sous-bois pour retrouver la D 803. L'emprunter à droite sur 800 m.

(96) Au croisement, prendre à gauche la route qui passe devant le village de vacances et mène à

2 h • Verdun-en-Lauragais • 303 m

Descendre dans le village. La route principale oblique à gauche et à droite, passe devant l'atelier municipal.

▷ *En suivant la petite route en patte d'oie avec le GR 7, avant l'atelier municipal, possibilité d'aller à la ferme du Bout du Monde (35 min, non balisé).*

Continuer la descente pour prendre sur la droite une rue en pente et, 50 m après, passer sous une ancienne porte du village donnant accès au chemin de ceinture des anciens remparts.

Hors GR (balisé) : 35 min • Ferme de Rodes • 747 m

Traverser le ruisseau de Tentin, couper un lacet de la D 903, puis l'emprunter vers le Nord et prendre à droite le chemin d'accès à la ferme.

(97) S'engager dans un passage étroit qui dessert des jardins ; franchir un pont sur un petit ruisseau ; longer le cimetière par la droite, passer sous une ligne haute tension ; 300 m plus loin, tourner à angle droit. Suivre à droite la D 803 sur 100 m.

(98) S'engager à gauche dans un chemin descendant à l'Ermitage. Tourner à gauche, passer à Turelure et arriver au bourg médiéval de Saint-Papoul *(abbaye bénédictine du 8ᵉ siècle ; épicerie)*. Emprunter la D 103 vers le Sud et prendre à gauche une petite route qui laisse le Falga sur la gauche et devient chemin de terre en pénétrant dans le bois.

(99) Poursuivre tout droit sur le chemin qui franchit le ruisseau de Bassens et contourne l'exploitation du Fort par la gauche. Couper la D 28. Le chemin en face mène à

2 h 30 • Saint-Martin-Lalande • 156 m

Sortir du village par une route parallèle à la D 116. Traverser la N 113. Par une piste, empierrée à son début, gagner les bâtiments de la Peyruque. Les longer par la droite, puis tourner à droite. Aboutir sur le

25 min • canal du Midi • 160 m

Pour faire étape à Castelnaudary, il faut emprunter la variante indiquée ci-dessous.

Par la variante : 1 h • Castelnaudary • 164 m

Capitale du Lauragais et relais gastronomique (cassoulet). Empla-cement stratégique des Wisigoths. Collégiale Saint-Michel (13ᵉ et 14ᵉ siècles). Moulin à vent (18ᵉ siècle).

Suivre la berge du canal vers l'Ouest.

Le GR® 71

L'Espérou • 1 222 m

🏠 🏨 ⛺ 🛒 🍴 🚌

▶ Carrefour de nombreux sentiers (GR 6, GR 60, GR 62, GR 7 et GR 71). Le GR 71 a un parcours commun avec le GR 7, le GR 60 et le GR 66.

« A l'origine hameau s'élevant au confluent des drailles et routes de Valleraugue, du col de Perjuret, de Meyrueis, de Dourbies et du Vigan, l'Espérou est devenu dès le début du siècle un lieu de villégiature pour les citadins venus de la plaine y prendre l'air de l'Aigoual et y visiter l'observatoire. Le premier hôtel fut le Grand Hôtel de l'Aigoual, construit en 1907. C'est aujourd'hui une maison familiale. » Extrait de Le Guide des Cévennes, *Isabelle Magos, éd. La Manufacture.*

Emprunter vers le Sud-Est sur 500 m la Grande Draille d'Aubrac, dénommée *Grande draille du Languedoc* sur la carte IGN.

① Prendre à droite le chemin qui gagne le vallon et le suit vers l'aval. Franchir le ruisseau de Pueylong sur une passerelle et remonter en face dans un ravin jusqu'aux ruines de la baraque de Tabusse.

② *Séparation du GR 60 et du GR 7.* Continuer en face (Sud) et rejoindre la D 48 au pont des Vaquiers. Franchir celui-ci et monter par la D 48 en direction du col du Minier.

③ 50 m plus loin, s'engager à droite sur un sentier descendant parallèlement à la route. Atteindre un chemin carrossable. Un peu plus loin, monter à gauche par un sentier qui, après un lacet, atteint le chemin du monument Huntziger.

④ Utiliser le chemin de Fabret vers le Sud. Couper la route forestière n° 7b.

⑤ Toujours dans la même direction (Sud), emprunter la route forestière n° 7 dite du Lingas jusqu'au

2 h 45 • col des Portes • 1 276 m

Sur la droite, se trouve une mare souvent à sec.

IGN carte N° 2641

⑥ Prendre, à gauche après la mare et avant le tournant de la route, un mauvais chemin qui rejoint le chemin de Fontfroide ; l'emprunter à gauche.

⑦ Prendre à droite le chemin supérieur de Montlouvier.

⑧ S'engager à gauche sur l'ancien sentier muletier qui descend et passe un peu au-dessus de la maison à demi-ruinée de Montlouvier, puis remonte et aboutit à un chemin forestier. Celui-ci monte à gauche vers l'Ouest et décrit un lacet.

⑨ Rejoindre le chemin supérieur de Montlouvier et l'emprunter à gauche en contournant le versant Sud de la Lusette (1 445 m). Après 2 km, arriver au

1 h 15 • col de l'Homme-Mort • 1 300 m

Traverser la route forestière n° 7. A quelques mètres au Nord du monument, prendre vers le Nord-Ouest un sentier dans les plantations.

⑩ 200 m plus loin, rejoindre le chemin forestier et le suivre sur 3 km en direction générale du Sud-Ouest en restant sur le versant Nord de la montagne baptisée Les Trois Quilles. Gagner un

⑪ # 1 h • carrefour au pied du Saint-Guiral • 1 366 m

▸ Séparation du GR 66 qui se dirige au Nord vers Dourbies : voir le topoguide *Tour du Mont Aigoual.*

Contourner le Saint-Guiral par le Nord puis descend au Sud en suivant une crête marquant la limite des départements du Gard et de l'Aveyron.

⑫ A un petit col, suivre en direction du Sud la route forestière n° 6 sur 750 m. Passer à l'Est du piton dénommé

1 h • Font de Truc • 1 006 m

▸ Départ de la variante GR 71A : voir p. 69.

Le Saint-Guiral (d'où l'on a un remarquable point de vue sur le Bas-Languedoc et les Causses) est un de ces lieux où la dévotion populaire se perpétue, au-delà des formes sous lesquelles elle s'exprime, depuis des siècles, certainement depuis des millénaires. Le culte à saint Guiral, né au 9e siècle et fondateur de l'abbaye d'Anilhac (toponyme d'origine latine) en est la dernière forme d'expression et ce encore jusqu'à notre époque, puisqu'en 1965, les paroissiens de Dourbies et leur curé montaient là une fois l'an. Malgré l'abandon du pèlerinage, quelques cévenols continuent à se rendre au Saint-Guiral le lundi de Pentecôte. On peut encore voir quelques vestiges romains et médiévaux, un abri sous roche (tombeau de saint Guiral).

Variante GR 71A

Continuer de descendre (Sud) sur la crête jusqu'à la route D 231 *(ancien chemin de pèlerinage d'Alzon au Saint-Guiral).* La suivre en descente jusqu'à

1 h • Alzon • 590 m

Prendre, au Sud de la localité, un chemin allant au ruisseau de Valcroze ; 200 m plus loin, passer sur un petit pont (à droite) puis obliquer sur le chemin de gauche pour franchir un autre pont et s'engager à droite sur un chemin montant sur le causse pour gagner

1 h • Campestre-et-Luc • 790 m

Le GR 71 emprunte la route forestière n°6 en direction de l'Ouest. L'itinéraire domine la bergerie du Jaoul, puis il s'oriente au Sud pour atteindre le col de la Combe (924 m). Poursuivre par la même route forestière.

⑬ Au col de la Barrière (808 m), couper la D 999, continuer en face par la D 270 jusqu'à

2 h 15 • Campestre-et-Luc • 790 m

Se munir d'eau pour la traversée du causse.

Au Sud du village, emprunter la D 270A en direction du Salze.

⑭ A la première bifurcation, suivre à droite la D 273A puis un raccourci.

⑮ A la bifurcation suivante, prendre la branche de droite et atteindre le Mas Gauzin.

⑯ Au centre du hameau, s'engager à gauche dans l'ancien chemin de la Couvertoirade.

Suivre ce chemin, qui après la traversée du causse descend dans le canyon de la Virenque *(toujours à sec en été)* ; le suivre sur environ 500 m.

3 h 45 • La Couvertoirade • 760 m

🏠 🏕 🍴 ☕

▶ Jonction avec le GR 71 C et le GR 71D.

Après la lavogne, s'engager à gauche (plein Sud) sur un chemin qui monte doucement. Laisser toutes les sentes à droite et à gauche. Passer au pied du Montaymat (870 m), puis longer un bois. Descendre et couper un chemin plus important.

⑱ 500 m plus loin, suivre la lisière d'un bois à droite sur 50 m, puis s'engager à gauche (Sud) sur un sentier qui le traverse et aboutit au mas d'Aussel. Continuer en face (plein Sud) parmi les buis et les chênes.

⑲ A une fourche, laisser le chemin qui part sur la gauche. Le GR utilise alternativement un ancien chemin assez large et des traces de moutons. *Bien suivre le balisage.*

⑳ A 500 m du Roc Castel, la sente s'infléchit sur la droite vers la limite inférieure d'un groupe de pins situé en contrebas du calvaire coiffant le Roc. A l'abord des premiers blocs du chaos rocheux, passer près d'une fontaine aménagée (située sur la droite). Grimper dans les rochers. Utiliser sur la droite un sentier menant au sommet du Roc Castel. Descendre jusqu'à une rue à l'entrée du village de

1 h 30 • Le Caylar • 800 m

🏨 🏕 🛒 🍴 ⓘ 🚌

▶ Départ d'un PR balisé en jaune et bleu conduisant à Navacelles (28 km) par le Cros, Sorbs, Vissec, les gorges de la Vis.

Se diriger vers un lotissement au lieudit Cante Gals, le contourner par la gauche. Suivre un ancien chemin en sous-bois qui longe une clôture sur sa gauche. Peu après, franchir un ressaut rocheux, emprunter sur la droite une « table » calcaire. Poursuivre par une simple trace, puis descendre jusqu'à la route D 9 (croix) ; la prendre à droite. A la première intersection, suivre à gauche la D 155E sur 3 km.

㉑ A une bifurcation, prendre à gauche le chemin asphalté conduisant aux Barasquettes. Avant la ferme, le quitter, utiliser un chemin, empierré par endroits, longeant la clôture des parcs.

㉒ Juste avant la fin de la clôture, emprunter à droite (Sud-Ouest) un chemin peu tracé (ancienne route de Camp-Rouch à Saint-Michel) qui monte douce-ment en longeant une ligne électrique.

▶ A partir de Camp-Rouch, possibilité de rejoindre le mas de Rouquet en 1 h 30 par un parcours accidenté *(balisage local rouge)* : passer devant les bâti-ments, s'avancer au milieu d'un relief dolomitique. Se diriger vers la gauche par un chemin qui suit la bordure du plateau *(la prudence est recommandée par grand vent ou en période humide)*. Atteindre le Trou du Loup et, sur la gauche, rejoindre le GR.

㉓ A 200 m à l'Est de Camp-Rouch, prendre le chemin de gauche qui mène à Puech Doussieu. Laisser les bâtiments à droite, passer à gauche de la croix. Contourner par l'Ouest la dépression creusée par la source de la Padénette.

㉔ A la première intersection, laisser à droite la chapelle Saint-Vincent *(pro-priété privée)* et continuer tout droit sur le chemin. Franchir le portail automa-tique et se diriger plein Sud par un sentier qui descend en pente douce à travers les pinèdes et les dolomies.

㉕ Laisser les bâtisses du mas de Rouquet à gauche et emprunter la piste à droite.

㉖ 250 m plus loin, laisser à droite le Trou du Loup *(source aménagée)*, prendre à gauche un chemin qui descend plein Sud. 500 m plus loin, s'engager à gauche sur un sentier qui descend dans le vallon. Franchir la Font d'Amans et descendre le long du ruisseau. Poursuivre la descente et passer devant une ancienne mine. Suivre le sentier amenant sur une piste qui devient route. Là, prendre tout droit la sente. Faire de même à l'intersection suivante. Traverser le ruisseau de Subrebel et continuer en longeant les vignes pour rejoindre la route.

▶ Jonction avec la variante du GR 653 venant de Saint-Pierre-de-la-Fage (parcours commun jusqu'à Lodève).

Le GR 71 emprunte la route à droite jusqu'à

5 h • Soubès • 228 m

🏠 ⛺ 🛒 ☕ 🍽 🚌

Continuer la route tout droit, laisser le château à gauche et passer devant la place de la Mairie. Poursuivre la route traversant le village jusqu'au croisement avec la D 25. Prendre à droite sur le pont et tourner immédiatement à gauche. Longer le ruisseau de la Brèze, traverser une route et atteindre la D 149. La suivre à gauche sur 200 m.

(27) Monter à droite par un chemin. Atteindre un petit col et suivre une piste goudronnée à gauche.

(28) S'engager à droite sur une petite route menant au cimetière de Fozières, sur la D 149.

▶ *Jonction avec le GR 7 venant de la Vacquerie et de Saint-Martin-de-Castries (parcours commun avec le GR 71 jusqu'à Lodève).*

1 h • Fozières • 303 m

(29) Au premier croisement, avant le centre du village, prendre à droite la petite route qui passe devant le calvaire en direction du terrain de tennis. Elle contourne par la droite la station d'épuration. Continuer sur 150 m pour rejoindre la D 149. Prendre à gauche jusqu'au prochain croisement et emprunter à gauche la D 149E en direction de Soumont sur 50 m.

(30) Au niveau de la première épingle à cheveux, quitter cette route pour suivre en face une petite route. Passer devant les bâtisses situées sur la droite et suivre le sentier qui longe le ruisseau de Fozières jusqu'au pont de l'autoroute.

(31) S'engager à gauche sur la N 9 qui longe le ruisseau de la Lergue. Continuer tout droit sur 800 m.

(32) Franchir à droite le pont de Celles et suivre la route principale pour entrer dans

1 h 15 • Lodève • 165 m

▶ Séparation du GR 7 : voir p. 37.

Sortir de la ville par la D 902 en direction de Ceilhes ; 250 m après la bifurcation de la D 35, emprunter à droite une route qui monte devant des HLM ; 100 m plus loin, prendre à gauche le chemin de Fontbonne qui monte.

(33) Utiliser un sentier qui coupe une grande boucle de la route de Mayres, la traverser et grimper la pente qui conduit au plateau de Grézac où le GR emprunte le *cami ferrat* (ancienne voie romaine). Sur le plateau, prendre à gauche une route forestière qui rejoint la D 902 au hameau

3 h • Le Perthus • 670 m

Au niveau du hameau du Perthus, s'engager sur la D 902. 1 km plus loin, le GR débouche sur le plateau de l'Escandorgue. *En se retournant, vue sur le lac du Salagou.*

(34) S'engager à gauche sur le plateau de l'Escandorgue. Emprunter à droite la D 142 sur 350 m.

(35) S'engager à gauche après le bosquet, sur un sentier *(broussailles)* et descendre dans la combe de Cauméjane.

(36) Après un étroit passage dans les rochers, obliquer à droite, franchir un gué, puis arriver au mas de Grèze. Continuer sur une petite route. En arrivant sur la D 902, l'emprunter à gauche jusqu'au village de

1 h 30 • Roqueredonde • 671 m

Prendre la branche de la D 142E2 qui se dirige vers Caussareilles et le moulin de la Plane. Au premier carrefour (calvaire), s'engager à gauche sur un chemin, goudronné au départ, qui monte doucement sur le plateau du Grèze et mène au coupe-feu (Ouest) ; continuer sur le plateau qui se rétrécit de plus en plus.

(37) S'engager dans un sentier sous les chênes qui descend sur le bord de l'Orb *(vue à l'Ouest sur la gare de Ceilhes et sur la vallée de l'Orb).*

(38) Obliquer à gauche et suivre le bord de la rivière jusqu'au lieudit

2 h • Mas Neuf • 460 m

La halte SNCF est dénommée Ceilhes-Roqueredonde.

Traverser la voie ferrée et emprunter la D 902 en direction de Ceilhes.

(39) 500 m après le pont sur l'Orb, la quitter pour prendre à droite la petite route qui monte à Salvagnac. Continuer sur un chemin qui domine la D 902, passer au mas de la Blaquière, à demi-ruiné , puis rejoindre la D 902 et l'emprunter à droite pour entrer dans

1 h 30 • Ceilhes-et-Rocozels • 435 m

IGN carte N° 2542

Poursuivre par la D 902 en direction de Camarès sur 1 km.

(40) Après un pont, s'engager à droite sur un sentier rejoignant la route, la traverser pour prendre une route forestière qui vire bientôt à gauche (Sud). Passer au mas de Meaux, puis franchir le ruisseau de Sebestrières un peu avant le mas de Lascours. Continuer sur la route forestière jusqu'au bassin appartenant à l'Office National des Forêts.

(41) Abandonner la route forestière pour s'engager à gauche (le long du bassin) sur un sentier qui monte. Laisser à droite une ancienne mine et, peu après, déboucher au

2 h • col de Saint-Pierre • 681 m

Suivre la crête vers le Sud en utilisant un large coupe-feu ; un peu plus loin, laisser un sentier sur la gauche puis monter un peu.

(42) A l'altitude 783 m, retrouver une route forestière et l'emprunter dans la même direction (Sud).

(43) Laisser une route forestière sur la gauche. Passer au col de la Bergère (790 m). Obliquer à droite (Sud-Ouest) pour gagner le

45 min • col de la Baraque • 739 m

Maison forestière.

S'engager à gauche (Sud) sur un large pare-feu montant au flanc de deux pitons. En arrivant à un carrefour (croix de Matet), traverser une piste forestière. Continuer par un sentier plus étroit, franchir une barrière ONF et atteindre le

45 min • col de la Lavagne • 795 m

Emprunter en face la route montant sur une crête.

(44) A une croix, suivre la route de gauche (Sud). On aperçoit à gauche (Est) les bâtiments de la borie de Combes.

(45) 250 m environ avant le hameau de Cayourtes, s'engager à droite (Ouest) sur un chemin parcourant un plateau. Passer devant une croix et descendre jusqu'à un embranchement, prendre à droite et atteindre la route menant à

1 h 15 • Mélagues • 700 m

Emprunter la D 52 vers la gauche.

(46) 250 m plus loin, tourner à droite et franchir un pont pour emprunter une petite route conduisant au gîte d'étape *La Bonnellerie*. Continuer sur la route et la quitter au bout de 800 m. Emprunter à gauche, en épingle à cheveu, une piste forestière s'élevant vers les crêtes. Bien suivre le balisage en forêt et arriver au

(47) 2 h • Col de Marcou • 980 m

Point de vue.

► Du col, possibilité de monter jusqu'au point culminant *(panorama)*, la croix de Marcou (1093 m) *(40 min aller/retour)*.

Continuer à angle aigu et emprunter successivement plusieurs pistes forestières. En arrivant sur la D 12, l'emprunter à gauche jusqu'au

1 h 30 • Col de Coustel • 883 m

Hors GR : 45 min • Le Fau • 820 m

Suivre la D 53 jusqu'à la première intersection, emprunter une route à gauche, passer un pont ; plus loin, au niveau d'un calvaire, prendre à droite un chemin qui conduit au hameau Le Fau.

S'engager à droite (Sud-Ouest) sur un chemin qui pénètre en forêt domaniale. Passer près de bâtiments en ruines, puis traverser un ravin ; à la sortie du bois, laisser à droite le hameau de Fagairolles, continuer tout droit pour atteindre le

㊽ 1 h • carrefour des D 922 et 53 • 851 m

> **Hors GR : 1 h 30 • Murat-sur-Vèbre • 840 m**

Prendre, à gauche de la D 53, le chemin conduisant à la ferme de La Salesse ; là, continuer sur un chemin (Sud) dans la combe de la Rivière, qui se prolonge par un sentier rejoignant la D 53 près de

30 min • Ginestet • 889 m

▸ Jonction avec le GR 653 : voir le guide *Le Chemin d'Arles*.

Emprunter la D 53 vers le Sud ; 400 m plus loin, s'engager à gauche dans une sente montant vers l'Espinouse.

㊾ Atteindre une intersection.

> **Hors GR : 20 min • Les Clèdes • 950 m**
>

Avant d'arriver au sommet de l'Espinouse, aller vers la gauche pour trouver un chemin forestier conduisant à un col. Emprunter à droite la D 180.

㊿ 200 m avant le carrefour avec la D 53, prendre à gauche (Sud-Ouest) un chemin forestier. Franchir l'Agout sur un pont en bois ; tourner à droite (Sud-Est) dans un sentier qui rejoint une route ; la suivre à droite jusqu'à

1 h 45 • La Calmette • 976 m

Emprunter vers l'Ouest le chemin de Salvergues. A l'entrée du hameau, prendre à gauche (Sud), à angle aigu, la route forestière du Crouzet. Franchir l'Agout et quelques ruisseaux affluents pour entrer en forêt domaniale de l'Espinouse. Arriver au carrefour dénommé

ㅤ51 1 h • rond-point du Club Cévenol • 1 000 m

Laisser à gauche la maison forestière du Crouzet *(abri)* et continuer par le chemin en face (Sud). L'itinéraire sort de la forêt domaniale et atteint un carrefour (1 058 m). Se diriger en face (Ouest) puis tout de suite à gauche (Sud) pour atteindre la

㊟ 20 min • maison forestière des Bourdils • 1 058 m

▶ Jonction avec le GR 7. Parcours commun jusqu'au col de Fontfroide.

Suivre vers l'Ouest un petit sentier en balcon jusqu'au

20 min • col de la Bastide • 978 m

Poursuivre dans la même direction sur 3 km.

㊼ A l'extrémité du chemin, s'engager sur une trace peu distincte qui traverse un plateau en décrivant une large courbe. Ne pas descendre. Après 1 km, emprunter à gauche une large piste qui suit une ligne électrique et rejoint la D 53. La suivre à gauche jusqu'au

2 h 10 • col de Fontfroide • 972 m

> **Hors GR : 45 min • Cambon • 878 m**
>
>
>
> Emprunter la D 53 vers le Nord-Est.

▶ Séparation du GR 7 : voir p. 45.

Emprunter la D 14 vers l'Ouest sur 50 m ; s'engager à gauche sur une sente qui descend à La Montaudarié. Franchir un ruisseau, laisser Le Fau sur la gauche et se diriger vers

1 h • Fraisse-sur-Agoût • 770 m

Emprunter la D 14 en direction de La Salvetat.

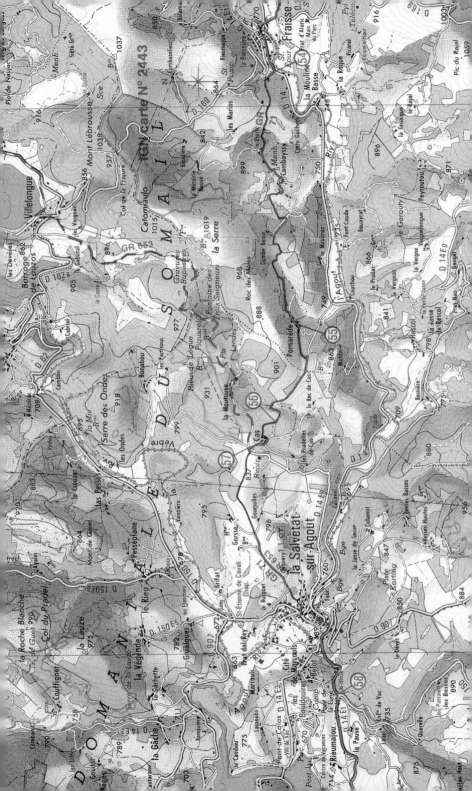

(54) 500 m plus loin, après un pont, tourner à droite ; passer sous une ligne électrique et utiliser à gauche un sentier débouchant sur un bon chemin, le suivre à gauche parallèlement à la ligne électrique. Gagner le hameau

30 min • Le Pioch • 830 m

Au camping, hors saison : chalets, gîtes, possibilité de restauration.

Passer à proximité du menhir de Cambayssy puis au hameau du même nom. Couper une petite route desservant les bâtiments de Combe-Basse. Traverser un bois et emprunter un bon chemin jusqu'au hameau de Pomarède. A la dernière maison, s'engager sur le chemin de droite, puis laisser un chemin à droite.

(55) Déboucher sur un autre chemin et le prendre à droite pour atteindre le col de la Bole (811 m, croix). Continuer sur le chemin en face (Nord-Ouest), franchir un ruisseau.

(56) Obliquer sur le chemin de droite. Passer au hameau de Cas.

(57) *A une croix, jonction avec le GR 653 (parcours commun jusqu'au hameau d'Olivet).* Emprunter à gauche la D 14E8 ; 100 m plus loin, bifurquer à droite et 100 m plus loin encore, obliquer sur le chemin de gauche conduisant à

2 h 30 • La Salvetat-sur-Agout • 690 m

Traverser la ville, franchir l'Agout et emprunter à droite la D 14E1.

> "Le village conserve encore son aspect moyenâgeux. Les rues sont pavées de galets ronds. Du portail à la place, la rue principale comporte un double chemin de roulement dallé. La disparition et le goudronnage général apporteront la propreté, mais l'esthétique y perdra beaucoup.
> Des fontaines et des lavoirs coulent jour et nuit. L'eau est fraîche et gratuite. Les fontaines sont les lieux de délices des langues agiles ! C'est de là que partent les « on-dit » que personne ne répètera mais qui feront le tour du village en un temps record !
> Il existe des endroits un peu particuliers, car les WC publics ne sont pas encore de mise. Le principal, le plus grand, le plus central, le mieux aménagé et sans doute le plus fréquenté, se trouve en contrebas de la plateforme, derrière la chapelle des Pénitents. Au hasard des jours, on y découvre en réduction tous les monuments et les styles architecturaux du monde. Il est risqué de s'y hasarder malgré quelques pierres plates disposées en manière de gué ; difficile d'y poser les pieds. C'est ce qu'on appelle paradoxalement un lieu d'aisance ; ici on dit le cagadou. Chaque quartier en possède un."
>
> Extrait de *La Salvetat-sur-Agout : mon pays*, Aimé Guiraud.

(58) Au carrefour du pont de la Lune, poursuivre tout droit par cette même route.

(59) A une bifurcation, s'engager à gauche dans un chemin goudronné. Laisser la ferme de la Gruasse sur la gauche. Passer à Gieussels, s'orienter au Sud ; après un petit étang, utiliser le chemin à droite. A La Taverne, prendre le lacet du chemin à gauche, laisser deux chemins forestiers à droite. A un carrefour, continuer tout droit puis, juste avant un virage à gauche (Sud-Est), suivre un sentier tout droit (Sud).
Tourner à droite sur un chemin forestier orienté Est-Ouest ; franchir un petit pont. Peu après, le chemin s'oriente au Sud.
L'itinéraire est difficile à décrire en raison des nombreux changements de direction. Bien suivre le balisage dans la forêt domaniale du Haut-Agout.
Au carrefour, continuer tout droit. A la bifurcation suivante, prendre à droite le chemin du bas. Franchir un ruisseau sur un petit pont. Remonter au Nord-Ouest ; 100 m plus loin, aller tout droit.
Au carrefour de chemins forestiers, se diriger à gauche (Sud). S'orienter peu à peu au Sud-Sud-Est puis à l'Ouest. Au carrefour suivant, prendre à droite (Nord-Ouest) puis, 200 m plus loin, encore à droite (Sud-Ouest).

(60) Laisser sur la droite le balisage orange du chemin descendant vers les ruines de Jantou.

(61) Franchir le ruisseau de Salavert et monter à travers des plantations. Emprunter un chemin gravillonné à gauche et se diriger ensuite vers le Nord-Ouest. Au carrefour (cinq branches) du Puech de la Crémade, quitter le chemin le plus large pour un chemin herbeux à droite (Nord) ; 30 m plus loin, se diriger à gauche (Ouest).

(62) A l'emplacement de l'ancienne maison forestière, emprunter la route à gauche jusqu'au hameau des Crouzettes. A la sortie de ce hameau (calvaire), prendre à droite (Nord-Ouest) la route. Laisser Les Plantières sur la gauche puis traverser Caussillols et atteindre le hameau d'

3 h 45 • Olivet • 800 m

(63) Bifurquer à gauche, déboucher sur la D 52 et l'emprunter à gauche jusqu'à

30 min • Anglès • 732 m

IGN carte N° 2343-2443 2344-2444

Suivre la D 68 vers Brassac. A la sortie du village, descendre à gauche vers Mazas en suivant une route étroite.

(64) 500 m plus loin, dans un tournant, face à une croix, bifurquer dans un sentier. Monter un chemin entre les murettes, laisser à droite l'accès à une ferme puis emprunter vers la gauche une large piste forestière. A un carrefour, descendre à droite, franchir un ruisseau, monter et rejoindre une voie plus large que l'on emprunte à droite. A la sortie du hameau des Sires, traverser la D 61 pour suivre un chemin en direction de Paucou.

(65) Tourner à gauche dans la plantation *(propriété privée)*. Suivre le GR qui, par des chemins forestiers et coupe-feu, conduit à la

(66) **1 h 30 • borie de Mary • 740 m**

Tourner à gauche, traverser un bois, laisser deux chemins à droite, couper une voie carrossable, continuer dans la même direction entre des plantations de sapins. Au premier carrefour, longer la petite maison.

(67) *Gîte rural du Gau, à Lasfaillasdes, à environ 30 min.* En arrivant dans le vallon, laisser à droite un large chemin ; franchir le ruisseau de Peyroux sur un pont, remonter ensuite à gauche sur un chemin de terre. Rester en bordure du bois. Passer à un étang, aller à gauche pour atteindre la D 53, l'emprunter à gauche sur une dizaine de mètres.

(68) Dans une courbe, prendre à droite un large chemin et juste après, tourner à gauche pour en suivre un autre bordé de pâturages. Descendre à un carrefour, monter pour longer les ruines de

1 h 15 • Las Tres Bolos • 736 m

Monter vers le Nord-Ouest puis s'orienter au Sud-Ouest pour descendre à une

(69) **20 min • intersection • 718 m**

▶Fin du GR 71. Jonction avec le GR 36 venant, au Nord, d'Albi.

Pour aller à Mazamet, emprunter vers le Sud le GR 36, traverser la D 61 ; presque en face, prendre un chemin charretier.

(70) A un carrefour de cinq chemins, tourner à gauche vers le Sud. Descendre jusqu'à la D 53. Au hameau du Record, l'emprunter à droite sur 1 km. Au carrefour, tourner à gauche vers Betgès.

(71) Dans le virage, après la ferme, suivre un chemin passant à gauche d'une grange ; il domine la route et entre dans un bois de pins *(attention au feu !)*. Arriver à un pré, longer la clôture dans le bois, sur la droite. Reprendre le chemin vers le Sud.

(72) A une intersection près des ruines de Piquetalen, tourner à gauche en descendant, franchir un ruisseau, remonter sur la droite, puis à gauche sous les pins.

(73) A un grand carrefour, descendre un coupe-feu au bas duquel il faut bifurquer à gauche. Plus loin, longer un pré et une cabane ; déboucher sur une route, la suivre à gauche jusqu'à

1 h 30 • Le Vintrou • 577 m

Au lavoir, eau potable, douche, WC. Gîtes ruraux, possibilité de camper, se renseigner dans le village.

Passer sur la conduite forcée de l'usine électrique, prendre le premier chemin goudronné à droite, descendre puis continuer par un chemin de terre. Au carrefour marqué par une croix, continuer tout droit. Le chemin descend et, à un embranchement, devient sentier. Passer sous la conduite forcée et descendre vers le barrage de la Sarnarié. Emprunter la route à droite ; passer sous le tunnel et continuer sur 1,5 km.

(74) 80 m avant le hameau de La Sarnarié, tourner à gauche, franchir un ruisseau et se diriger vers la ferme de la Ruyère. Emprunter le chemin carrossable jusqu'au carrefour et suivre le sentier en face. Passer en contrebas du hameau de Montlédier et arriver à l'église de

2 h • Pont-de-l'Arn • 240 m

🏠 🛒 🍴

Continuer sur la route ; 1,5 km plus loin, rejoindre la N 112, l'emprunter à droite sur 500 m, puis prendre à gauche une rue, aller à droite et longer la voie ferrée jusqu'à

30 min • Mazamet • 241 m

🏠 🏠 ⛺ 🛒 🍴 ℹ️ 🚌 �

Le GR 74

Cet itinéraire présente un intérêt touristique certain par la variété et la nature des terrains parcourus et des sites archéologiques rencontrés.

Saint-Maurice-de-Navacelles • 572 m

Partir du centre du village, devant le château. Prendre le chemin du cimetière *(commun au GR 7 et au GR 74)* jusqu'à la route que l'on emprunte sur 150 m.

① Au niveau de la chapelle, abandonner le GR 7 (qui continue tout droit) pour s'engager à gauche sur un chemin herbeux et rejoindre la D 25. La prendre à droite sur 150 m, puis tourner à gauche après une mare en suivant un chemin bordé de végétation, qui s'engage dans la prairie.

② Prendre à droite la D 130 jusqu'au hameau

1 h • Le Coulet • 552 m

Passer devant l'église, laisser la D 130 à droite et continuer tout droit le chemin en direction du cimetière. A la sortie du hameau, s'engager sur une piste qui s'oriente à l'Est pour atteindre la Pierre du Coq.

③ Laisser le sentier en face et prendre à droite la piste vers le Sud sur 1,5 km en longeant une sapinière. A la première intersection, s'engager à droite, passer le ravin de Combe Belle et suivre le sentier qui s'oriente ensuite au Sud-Ouest. Descendre doucement entre bois et garrigues jusqu'au

1 h 30 • Mas d'Aubert • 559 m

Attention ! eau restreinte en été.

Emprunter ensuite la D 122, traverser le hameau de Moulis et continuer la route sur 350 m. Prendre à gauche un sentier traversant une zone boisée et remonter vers le cap de Ginestet (537 m). Descendre vers le Sud-Est et passer à l'ermitage Notre-Dame-de-Belle-Grâce *(eau)* puis suivre la combe de Gellone pour atteindre

2 h 30 • Saint-Guilhem-le-Désert • 103 m

Village médiéval qui doit son origine à une abbaye bénédictine, fondée en 804 par Guilhem au corb nez (Guillaume d'Orange) ; elle fut dévastée pendant les guerres de Religion.

▶ Jonction avec le GR 653 venant d'Aniane. Parcours commun vers l'Ouest jusqu'à Arboras.

Sortir du village en remontant le cours du ruisseau de Verdus, le franchir à gué pour prendre, sur sa rive droite, le sentier des Plots qui s'élève sur le plateau.

④ Un peu avant le roc de la Bissonne *(rochers d'escalade)*, s'engager à gauche sur un sentier qui monte en lacets.

⑤ Arriver sur une route forestière. *(Possibilité d'aller au point de vue Max-Nègre : suivre cette route à droite. Lorsqu'elle tourne brusquement à gauche à angle droit, continuer tout droit sur 250 m.)* Le GR emprunte la route forestière à gauche sur 200 m *(à 2 km, abri à la maison forestière des Plos)*. Prendre sur la droite un chemin à peine carrossable utilisé pour la lutte contre les incendies. Passer au Sud du Pioch Canis. Contourner des vignes, rejoindre la D 122, la suivre sur 450 m vers le Nord. *(En l'empruntant vers le Nord encore sur 3 km, possibilité de gagner le refuge de la Font du Griffe.)*

⑥ S'engager à gauche sur un sentier qui domine le ravin du Rouvignou et atteint la D 9, l'emprunter à droite jusqu'à

4 h • Arboras • 250 m

Situé sur un versant Sud, le village d'Arboras marque la transition entre deux Languedoc, deux paysages totalement différents, à savoir : le Bas-Languedoc, dont la plaine s'étale au pied du village et l'arrière-pays, ici constitué par le Lodévois, qui annonce le Languedoc Caussenard. La position cruciale du village sur la route d'accès au Rouergue, est consacrée par le château actuel qui domine la plaine de l'Hérault. L'édifice que l'on peut voir fut construit par Jacques Le Fombon au 18ᵉ siècle sur les ruines de l'ancien château, dont il ne reste qu'une tour carrée au Nord et quelques remparts.

▶ A partir d'Arboras, on peut utiliser le GR 653 par Saint-Jean-de-la-Blaquière et le prieuré de Grandmont.

Avant l'église, tourner à droite à angle aigu dans une rue puis s'engager à gauche dans un sentier qui s'élève au-dessus du village à travers une garrigue, puis parmi des vignes. Bien suivre le balisage. *(A droite, vers le Nord, vue sur le Saint-Baudille, 848 m)*. Après un parcours dans les bois contournant le mont Haut par l'Est, atteindre la D 9 et l'emprunter à droite sur 100 m.

(7) S'engager à droite sur une draille qui monte au-dessus de la route et la rejoint *(vue sur le Lodévois et le rocher des Vierges)*.

(8) Traverser la route et prendre un peu à gauche la draille qui continue à monter parallèlement à celle-ci. Rejoindre une route forestière, la suivre sur 1 km. A l'abord d'une courbe, descendre à gauche par un sentier sous couvert de chênes. Quelques lacets, non indiqués sur la carte, mènent à la sortie du bois. *Suivre attentivement le balisage dans une zone de replantation forestière.* Passer au-dessus de la grange de Jaoul. Rejoindre un chemin situé en contrebas. Poursuivre vers la droite, décrire une large boucle parmi des plantations de pins. Au niveau d'un amas rocheux, rester sur le chemin menant aux Salces. Par la D 153, gagner

2 h 45 • Saint-Privat • 300 m

Peu après la dernière maison du village, emprunter sur la droite une calade qui grimpe entre deux murets au-dessus du village.

(9) Après 200 m, suivre à gauche un chemin goudronné qui devient chemin de terre. Dépasser les dernières vignes.

(10) S'engager à droite sur une sente de chèvre conduisant à un champ de cerisiers calcinés *(être attentif, car la sente n'est par endroits qu'une trace)*. Le sentier grimpe sur le versant Sud de la serre et pénètre dans un bois qui constitue la lisière méridionale de la forêt de Parlatges. Franchir la crête et aboutir à un

(11) 1 h • carrefour de routes forestières • 686 m

▶ Jonction avec le GR 7 : à droite (Nord) vers Saint-Maurice-de-Navacelles, à gauche (Ouest) vers Lodève : voir p. 33.

Boucle Pierre-Paul Riquet

Cette variante du GR 7, balisée blanc et rouge, à l'occasion de la commémoration du tricentenaire de la mort de Pierre-Paul Riquet, constructeur du canal du Midi, permet d'effectuer une boucle autour des Cammazes. Jusqu'à La Peyruque, l'itinéraire est décrit ci-après. Au-delà, la boucle emprunte le GR 7 décrit en sens inverse pp. 61-63.

Les Cammazes • 609 m

Dans Les Cammazes, emprunter le GR 7. Suivre la D 629 sur 400 m vers Saissac. Prendre à droite le chemin de la Plaine des Faures. Il chemine agréablement en droite ligne, longe un lotissement neuf et plus loin une clôture et, en tournant à droite, débouche sur la D 803. La suivre à gauche sur 250 m jusqu'à une

① **35 min • croix de pierre • 615 m**

Prendre à droite la D 803 *(point de vue sur la plaine audoise et sur les Pyrénées).* 600 m plus loin, emprunter à droite la D 90 en direction de Revel, jusqu'au hameau de

15 min • Lagarde • 592 m

A sa sortie, remonter à gauche en laissant la D 90, puis s'engager à droite sur un chemin qui descend à Peyre Bazal *(maison familiale de vacances).*

On peut continuer tout droit sur 800 m jusqu'à une croix pour bénéficier d'un panorama sur Saint-Ferréol et sur la plaine lauragaise.

② Tourner à droite pour pénétrer dans la forêt. Laisser deux chemins à droite pour atteindre L'Hermitage. Sur la route, prendre à droite pour franchir le Laudot sur un pont.

③ Juste après, emprunter à gauche le chemin longeant une rigole que l'on suit pour atteindre le bassin de Saint-Ferréol. Longer le bassin jusqu'au bout pour tourner à droite et franchir la digue *(plaque commémorative à l'effigie de Pierre-Paul Riquet, posée en 1980),* aller à droite et tout de suite à gauche pour pénétrer dans

1 h 30 • Saint-Ferréol • 350 m

Pierre-Paul Riquet

dolescent, Pierre-Paul assiste souvent à la table familiale à des discussions ayant trait au projet du biterrois Bernard Arribat qui veut réaliser un canal mettant en communication les deux mers. Ce projet considéré comme étant « nuisible à l'intérêt général et privé », repoussé et même condamné par les autorités du Languedoc, s'imprime à jamais dans la pensée de Pierre-Paul Riquet. Cette idée le hante. (...)

Les années passent. Marié à la fille d'un bourgeois de Béziers, Catherine de Milhau, fort joliment dotée et qui l'incitera toujours à poursuivre ce qu'il affirme être sa mission, Pierre-Paul Riquet s'oriente vers les

finances. Il va faire une belle carrière dans l'administration des gabelles en Languedoc. Sous-fermier en 1651, puis fermier général en 1660 pour le Languedoc-Roussillon et la Cerdagne, il est obligé, de par sa charge, à se déplacer constamment à travers toute cette province pour procéder au recouvrement de l'impôt du sel et contrôler les opérations de ses commis. (...)

Constamment sur les routes et les chemins, épris de tout ce qui touche aux mouvements de l'eau, à la nature du sols, il observe et prend des notes, surtout lorsqu'il se trouve aux abords ou sur les pentes de la montagne Noire.

Devenu propriétaire d'un vieux château féodal situé à Bonrepos (non loin de Toulouse), château qu'il transforme en beau manoir pour lui et sa famille, il se rend souvent à Revel où il a une maison, place centrale. Là, il organise les « tirages des voitures de sel », le transport du blé, surveille ses métayers et prête de fortes sommes aux consuls de la ville. A Revel encore, il se lie d'amitié à un fontainier, Pierre Campmas. Celui-ci qui connaît bien la montagne Noire lui révèle le « langage des sources ».

Durant des années, malgré toutes ses activités et responsabilités, Pierre-Paul Riquet fouille la région, en explore le moindre recoin, toujours accompagné du fontainier de Revel. Il comprend très vite que la montagne Noire est le coffre d'eau dont il a besoin pour réaliser son projet. Il sait que bien avant lui, les Romains puis les ingénieurs de François 1er et ceux d'Henri IV, ont voulu établir un canal qui relierait l'Atlantique à la Méditerranée. Tous ont échoué devant une difficulté : l'approvisionnement en eau. Le premier, il pressent que cette

---

Le canal du Midi en quelques chiffres

Longueur :
240,129 km.

Largeur :
16 mètres en surface (au miroir).
10 mètres au fond (au plafond).

Hauteur d'eau : 2 mètres.

Rigoles d'alimentation :
En montagne : 24,269 km.
En plaine : 38,121 km.
Ruisseau du Laudot : 13,737 km.
Le canal du Midi est joint à la Garonne par le canal de Brienne creusé en amont de Toulouse. Altitude : 132 m pour l'écluse de communication.

Bief de partage : Naurouze en Lauragais. Altitude : 189 m. Reçoit les eaux de la montagne Noire qui coulent sur les deux pentes du canal.

Ecluses : 64. Soit : 39 écluses simples, 19 écluses doubles, 4 écluses triples, 1 écluse quadruple à Castelnaudary et 1 écluse septuple à Fonsérannes.

Coût : 15 249 399 livres qui se répartissent en 7 484 051 versées par le Roi, 5 807 831 versées par la province, 1 957 517 versées par Riquet.

---

montagne Noire est un château inépuisable capable d'alimenter un canal. Mais encore faut-il « domestiquer », rassembler les eaux, les emmagasiner et les conduire au point idéal de partage (entre l'océanique et le méditerranéen) ; point qui reste à déterminer.

Que de calculs, d'arpentages, de prévisions ! Au cours d'une de ses nombreuses randonnées, Pierre-Paul Riquet se trouvant au seuil de Naurouze, comprend soudain que c'est là le point de partage tant recherché. Sous ses yeux, les eaux de la fontaine de la Grave, se séparant d'elles-mêmes, coulent en deux sens opposés. A ce moment précis, il a véritablement la vision de son œuvre. Mais que d'obstacles à vaincre avant de passer à l'action. Il lui faut convaincre l'autorité royale. Pour établir la preuve de ce qu'il avance, il bouleverse son parc de Bonrepos et réalise en miniature les différentes pièces de son canal. Un de ses amis, Monseigneur d'Anglure de Bourlemont, archevêque de Toulouse, conquis par son idée, l'incite à s'adresser par écrit à Colbert (15 novembre 1662). Cette lettre, accompagnée d'une relation très détaillée, souligne les avantages qu'il y aurait à creuser un canal pour la jonction « des mers océane et méditerranée ». Tout y est minutieusement présenté, argumenté, tant au point de vue utilitaire, technique que financier.

Par deux fois, Pierre-Paul Riquet va à Paris. Son projet séduit Colbert. A Briare, il étudie le premier canal qui permet d'aller de la Loire à la Seine. Il observe longuement les écluses. Par la suite, les commissaires royaux chargés de vérifier les plans de Pierre-Paul Riquet, établissent un rapport favorable. Sans attendre leurs autorisations, il creuse un canal d'essai et démontre que les eaux de la montagne Noire peuvent aisément atteindre le seuil de Nau

L'idée d'un canal reliant les deux mers hante Riquet.
Ph. CAUE 31.

rouze. C'est enfin en octobre 1666 le fameux édit royal signé par Louis XIV par lequel le monarque ordonne que soit « incessamment procédé à la construction du canal de navigation et communication des deux mers océane et méditerranée ». Pierre-Paul Riquet devient adjudicataire des travaux. A soixante ans, il peut enfin entreprendre l'ouvrage dont il a rêvé avec passion. Quatorze années de luttes quotidiennes commencent pour lui. Inlassablement, souvent miné par la fièvre, il se rend aux différents chantiers du canal entre Toulouse et Sète. Il fait face avec la fougue d'un jeune homme à toutes les résistances. Celles liées à la nature des terrains, celles dues au financement. (...)

Celui qui « conçut ce grand œuvre sans autre instrument qu'un mauvais compas de fer » ne devait pas connaître la joie d'assister à l'inauguration de son canal. Il devait mourir épuisé alors que la mer n'était qu'à quatre kilomètres, le 1er octobre 1680. Sa seule joie, peut-être, fut d'avoir été proclamé « noble et issu de noble race » selon une ordonnance de 1670. (...)

Bernard Blancotte
de l'Académie du Languedoc

Le bassin artificiel de Saint-Ferréol a été réalisé à l'initiative de Pierre-Paul Riquet à partir de 1667 pour servir de réservoir pour l'alimentation du canal du Midi. La digue de retenue fait 800 m de long et 32 m de haut. Voir le parc à l'anglaise.

Presque en face de la mairie, prendre le chemin montant à travers les villas. Au sommet de la côte, au carrefour, bifurquer à gauche.

④ 500 m plus loin, se diriger à droite sur un chemin empierré qui descend directement vers la plaine du Lauragais à travers pâturages, landes et bois.

⑤ En bas de la descente, à une intersection, suivre en face le chemin qui, 450 m plus loin, franchit la rigole de la plaine au pont du Riat et entre dans

20 min • Revel • 210 m

Bastide médiévale du 14ᵉ siècle, place centrale avec la halle, le beffroi et les galeries.

Du chemin du Rastel, s'engager en face dans le chemin des Lavandières. Passer le pont et, tout de suite après, suivre à gauche la rigole de la Plaine. 500 m plus loin, traverser la route de Vaudreuille.

⑥ *Jonction avec le GR 653 (parcours commun jusqu'au Seuil de Naurouze).* Le chemin effectue de nombreux méandres et traverse plusieurs routes ou chemins secondaires, mais il suit continuellement la rigole jusqu'au Seuil de Naurouze.

⑦ Arriver au Laudot. *(La rigole reçoit là les eaux du réservoir de Saint-Ferréol par l'intermédiaire du ruisseau le Laudot.)* Passer devant la maison éclusière et traverser la D 624 pour repartir le long de la rigole. Longer une route puis, aux deux croisements suivants, poursuivre en face. Passer près du pont de l'Engranot.

⑧ Franchir le pont de l'Engautier pour changer de rive. Passer l'aqueduc qui enjambe la voie ferrée et arriver au

⑨ ## 3 h 15 • lac de Lenclas • 212 m

✕

Hors GR : 45 min • Saint-Félix-Lauragais • 336 m

Bastide du 12ᵉ siècle, collégiale du 14ᵉ siècle, panorama sur la montagne Noire et les Pyrénées.

Prendre la D 67 depuis le lac de Lenclas.

IGN carte N° 2244
2245

Continuer à suivre la rigole. Contourner le lac par la droite, en faire le tour *(aire de pique-nique)*. Au bout, ignorer la digue. Passer sous une ligne à haute tension, laisser la Pouzaque à gauche pour continuer tout droit. Au carrefour, tourner à gauche, prendre une petite route et repartir à droite, 20 mètres après, toujours près de la rigole.

(10) Traverser la D 113 allant à Saint-Paulet. Couper successivement plusieurs routes.
Atteindre la N 113 et la traverser. *(Attention ! route à grande circulation.)* Repartir à droite et, 80 mètres après, à gauche, toujours au bord de la rigole. Arriver devant la minoterie du

5 h • Seuil de Naurouze • 190 m

> Appelé aussi Seuil du Lauragais, point de partage des eaux entre le bassin atlantique et le bassin méditerranéen. C'est l'endroit le plus haut du canal du Midi, où Pierre-Paul Riquet imagina de faire parvenir les eaux de la montagne Noire grâce aux rigoles. La traversée du bief de partage mesure 5 000 m.
> Le lieu est matérialisé par un obélisque de 20 m de haut, juché sur des blocs de pierre. Ce monument, érigé en 1825, rend hommage au créateur du canal du Midi.

Hors GR : 10 min • Montferrand • 290 m

Important site archéologique. Église paléo-chrétienne construite dans un habitat gallo-romain. 140 sarcophages, thermes romains.

Ne pas franchir le canal du Midi, tourner à droite, couper la N 113 et prendre en face une route qui monte au village.

Hors GR : aire de service du Lauragais

Juste après l'écluse de Montferrand, suivre en direction du Sud la route menant à la voie ferrée. Après avoir franchit la voie, suivre à droite la route qui longe l'autoroute.

Passer à gauche devant le déversoir en contournant le bassin et atteindre l'écluse de l'Océan.

▶ Séparation, sur la droite, du GR 653 qui part vers Montferrand et Toulouse.

⑪ A l'écluse de l'Océan, franchir la passerelle pour tourner à gauche et suivre rive droite le chemin de halage du canal du Midi.

30 min • Le Ségala • 195 m
✗ 🚆

> **Hors GR : 30 min • Baraigne • 260 m**
>
> Du pont, suivre à droite la D 217.

> **Hors GR : 20 min • Labastide d'Anjou • 186 m**
>
> 🏠 🛒 ✗ 🚌
>
> Du pont, franchir à gauche le canal, puis tourner tout de suite à droite sur la D 217 et encore à droite sur la première route.

Passer les écluses de la Méditerranée et du Roc pour atteindre l'écluse de

⑫ **1 h • Laurens • 180 m**

> **Hors GR : 30 min • Mas Saintes-Puelles • 205 m**
>
> 🛒

Dépasser l'écluse de la Domergue, puis l'écluse de la Planque et atteindre le port de

1 h 15 • Castelnaudary • 164 m
🏠 🛒 ✗ ℹ 🚌 🚆

Capitale du Lauragais et relais gastronomique (cassoulet). Emplacement stratégique des Wisigoths. Collégiale Saint-Michel (13ᵉ et 14ᵉ siècles). Moulin à vent du 18ᵉ siècle.

Pour réussir le cassoulet

Plusieurs secrets président à la confection du cassoulet : la cassole (qui a donné son nom au cassoulet) doit être en argile d'Issel, il faut que les haricots proviennent de Lavelanet ou de Pamiers, enfin que des ajoncs de la montagne Noire alimentent le feu du four. C'est un plat mijoté de haricots, lard, ail, confit d'oie, couennes, porc frais et saucisse. Connue et appréciée à Castelnaudary depuis le 15ᵉ siècle, la recette aurait été confiée en mai 1579 par une vieille chaurienne à Catherine de Médicis en quête d'un remède contre la stérilité de sa fille, la reine Margot, alors épouse du roi de Navarre, futur Henri IV. Aucun enfant ne naquit pourtant ; sans doute la reine ne suivit-elle pas correctement la prescription...
Extrait du Guide Bleu *Languedoc-Roussillon*, Hachette.

⑬ Passer au Vieux Pont qui ouvre l'accès au Grand Bassin.

⑭ A l'écluse Saint-Roch, franchir le canal et passer sur la rive gauche. Gagner l'écluse du Gay et, en longeant la N 113, atteindre l'écluse du Vivier.

⑮ A l'écluse simple de Guerre *(ce nom provient de la ferme située à 200 m au Nord)*, croiser la D 116. *Par cette route à gauche, on peut gagner directement Saint-Martin-Lalande.*

Poursuivre encore 700 m sur la même rive du canal pour atteindre une intersection située près du lieudit

⑯ **1 h 45 • La Peyruque • 165 m**

▶ Jonction avec le GR 7 : en face, il continue vers Villasavary et Andorre.

Pour terminer l'itinéraire de la boucle Pierre-Paul Riquet, suivre vers le Nord le GR 7 qui passe successivement à

25 min • Saint-Martin-Lalande • 156 m
🛒 🚌

1 h 15 • Saint-Papoul • 170 m
🛒

1 h 30 • Verdun-en-Lauragais • 303 m
🛏 🏕 🛒

> **Hors GR : Ferme de Rodes • 474 m**
> 🏠 🏕

1 h • Mirgou • 476 m

2 h 15 • Les Cammazes • 609 m
🛏 🏕 🛒 ℹ️

Index des noms de lieux

9e édition : juillet 2003
Auteur : FFRP-CNSGR

© FFRP-CNSGR 2003 - ISBN 2-85-699-961-1 - © IGN 2003
Dépôt légal : juillet 2003 - N° 71421
Corlet Imprimeur, s.a., 14110 Condé-sur-Noireau